Die Moses-Schriftrollen

1. Auflage November 2006

Copyright © 2006 by Jochen Kopp Verlag,
Pfeiferstraße 52, D-72108 Rottenburg

Umschlaggestaltung: Peter Hofstätter, München
Satz und Layout: Bürodienstleistungen Rauch, Rosenfeld
Druck und Bindung: Clausen & Bosse, Leck
Alle Rechte vorbehalten.

ISBN-10   3-938516-37-2
ISBN-13 978-3-938516-37-9

Gerne senden wir Ihnen unser Verlagsverzeichnis:

KOPP VERLAG
Pfeiferstraße 52
D-72108 Rottenburg
E-mail info@kopp-verlag.de
Tel. (0 74 72) 98 06 0
Fax (0 74 72) 98 06 11

Unser Buchprogramm finden Sie auch im Internet unter:
www.kopp-verlag.de

G. F. L. Stanglmeier

DIE
MOSES-SCHRIFTROLLEN

Brisante Enthüllungen
aus dem Tal der Könige

JOCHEN KOPP VERLAG

Inhalt

Vorwort

Wäre im Mittelalter bereits Archäologie betrieben worden, wäre dieses Buch wohl auf dem Index gelandet. Zu unglaublich, was es enthüllt. Zu kontrovers, was es propagiert.

Der Scheiterhaufen wurde mittlerweile abgeschafft. An seiner Stelle lodert heute die Ignoranz. Insofern wage ich zu behaupten, daß die wissenschaftliche Fachwelt den Autor totschweigen wird. Akademiker mögen nun mal keine Enthüllungsgeschichten, die am Lack ihrer Zunft kratzen. Noch weniger mögen sie es, wenn ihnen einer kräftig auf die Finger klopft. Schon gar nicht die Archäologen. Die sind Meister im Verdrängen. Weil sie ständig nach Neuem buddeln.

Beflissen datieren und klassifizieren sie, was in mühseliger Arbeit vom Staub der Jahrtausende befreit wurde – um die neuen Mosaikstückchen sorgsam ins große Bild unserer Vergangenheit zu betten. Ein riesiges Puzzle, das nach jahrhundertelangem Rätselraten allmählich Form annimmt. Doch mit Puzzles ist es bekanntlich so eine Sache. Ständig muß nach passenden Verbindungsstücken Ausschau gehalten werden, um die mühsam erstellten Teilbereiche stimmig zu verknüpfen. Bis man merkt, daß diese womöglich gar nicht am richtigen Platz liegen. Und alles ganz anders ist. Dann wird fluchend umgepflastert ...

Im Fall von Pharao Tutanchamun und seinem Entdecker Howard Carter sind die Ägyptologen noch nicht dazu bereit. Zu vieles haben sie seit 1922 liebgewonnen. Zuwenig je in Frage gestellt. Vieles, was Sie in diesem Buch lesen, dürfte deshalb mit einer mürrischen Handbewegung ins Reich der Fabeln verbannt werden. Vertuschte Entdeckungen im Wüstensand? »Ammenmärchen!« Carter ein Dieb? »Wo denken Sie hin!« Exodus-Papyri im Tutanchamun-Grab? »Quatsch – so was gibt's nur bei Dan Brown!«

Wer im Tal der Könige eine Verschwörung wittert, hat einen schweren Stand. Schließlich haben sich die gelehrten Damen und Herren ihr Wissen mühsam eingetrichtert. Seither glauben sie alles zu wissen, was bereits ihre Vorgänger wußten. Und dazu noch ein bißchen mehr. Ausgerechnet sie sollen das womöglich größte Geheimnis der Ägyptologie übersehen haben? Undenkbar! Was aber, wenn sie falsch liegen? Beweist die Geschichte nicht, daß auch Wissenschaftler Gefangene ihrer Zeit sind?

G. F. L. Stanglmeier hat sich auf Dinge spezialisiert, die es nicht geben darf. Und er ist ein begnadeter Spürhund. Sein Mißtrauen gegenüber Autoritäten läßt ihn tiefer graben, als manchem lieb ist. Seit nunmehr knapp zwei Jahrzehnten jagt er im Halbdunkel der Geschichte dem Schatten von Howard Carter nach. Der düsteren Seite eines vermeintlich ehrbaren Gentlemans. Der vertuschten Fährte eines doppelzüngigen Ägyptomanen – und dessen wohl größten Entdeckung. Eine reichlich kontroverse Entdeckung, die Carter bis zu seinem Tod wohlweislich unter Verschluß hielt.

Erstmals enthüllt Stanglmeier nun die komplette Ausbeute seiner Spurensuche in Museen, Bibliotheken und Privatarchiven. Eine wahre Fundgrube für Zweifler! Vieles, was Sie auf den folgenden Seiten lesen werden, dürfte selbst gestandenen Ägyptologen neu sein. Manches finden Sie gar in keinem einzigen Lehrbuch. Und so könnte selbst der eine oder andere Archäologie-Professor noch etwas dazulernen. Wußten Sie etwa, daß der berühmte deutsche Ägyptologe Ludwig Borchhardt ... Doch halt, lesen Sie selber!

Luc Bürgin

Kapitel 1

Einführung

Wie es begann

Eigentlich lesen Sie, liebe Leserinnen und Leser, diese Zeilen gar nicht, weil es diese Zeilen gar nicht geben dürfte. Genauso wenig dürften Sie dieses Buch in Ihren Händen halten, denn es befaßt sich mit einem nicht realen Sachverhalt – behauptet die Altertumsforschung.

Das Thema ist so einfach wie brisant: Es geht um nicht mehr und nicht weniger als um verschollene Schriftrollen aus dem Grab des geheimnisumwobenen Pharao Tutanchamun. Zum Inhalt haben die Papyri – zumindest teilweise – die ägyptische Version des biblischen Exodus, also den Auszug der Juden aus Ägypten unter ihrem Anführer Moses. Das heißt: Von den Texten wären nicht weniger als drei der fünf großen Weltreligionen betroffen: Juden- und Christentum sowie der Islam. Denn in allen drei Glaubensbüchern spielt Moses eine mehr oder minder große Rolle. Thora, Bibel und Koran müßten möglicherweise in Teilen neu geschrieben und interpretiert werden.

Die Auffindung derartiger Schriftstücke hätte also vollkommen unabsehbare religiöse und politische Konsequenzen. In einem Satz: Schriften, die Moses' Existenz belegen, wären historisches »Dynamit«. Gott sei Dank existieren derartige Schriften nicht. So lautet jedenfalls das einhellige Urteil der Ägyptologen.

Einhellig? Nun, wir werden sehen, daß das so nicht stimmig ist. Es gibt sehr wohl Forscher, die sich mit diesem Rätsel der Archäologie befaßt haben oder sich noch damit auseinandersetzen. Zugegeben: Es sind wenige – aber es gibt sie. Und es werden sogar immer mehr. Als ich mit meinen Recherchen begann, hatte ich gerade einmal Kenntnis von einem Ägyptologen, der das Problem der fehlenden Rollen in der Herrschergruft im legendären Tal der Könige angesprochen hatte. Heute sind es (offiziell) immerhin deren drei.

Für mich selbst begann alles vor, ja, vor wie vielen Jahren eigentlich? Es war später Oktober 1978. Wir saßen an einem eiskalten Regen-Nebel-Tag im Zug und waren auf der Fahrt zu meinen Schwiegereltern in spe, als mir meine zukünftige Frau unversehens ein Geschenk überreichte. Es war ein Buch von Thomas Hoving, dem seinerzeitigen

Direktor des New Yorker Metropolitan Museums. Ich glaube mich erinnern zu können, daß ich der Dame meines Herzens noch ein kurzes »Danke« entgegnete, dabei aber schon längst in die Welt eingetaucht war, die mich wie so viele andere Menschen am meisten faszinierte: die Welt der alten Ägypter, die Welt der Pharaonen, Pyramiden, Gräber und Tempel.

Über Tutanchamun war ich, mit aller Bescheidenheit ausgedrückt, schon damals belesen. Neben zahlreichen Büchern hatte ich auch zahllose Zeitungsartikel gesammelt und mir auch ägyptologische Fachaufsätze in einschlägigen Bibliotheken besorgt. Das alles hatte dazu geführt, daß ich mir meine eigene Sicht der Dinge angeeignet hatte. Ich glaubte nicht an die Untadeligkeit von Tutanchamuns Grabentdeckern. Lord Carnarvon und sein Angestellter Howard Carter waren für mich dubiose Herrschaften, deren Integrität ich massiv in Frage stellte.

In der Ägyptologie freilich waren die beiden Engländer bis dahin strahlende Berühmtheiten, deren Ehrenhaftigkeit außerhalb jeglicher Kritik stand – bis zu diesem Buch des »Met«-Direktors. In »Der goldene Pharao Tut-anch-Amun« bestätigt Hoving gleich serienweise Meinungen, Theorien und Erkenntnisse, die ich selbst vertrete. Er räumt kräftig auf mit dem Bild von den selbstlosen Ausgräbern, denen es einzig und allein um historische Erkenntnisse und die Sicherung antiken Grabungsgutes ging. Am Ende war das Bild von den Gentlemen-Archäologen unwiderruflich zerbrochen.

Über eine Passage aber stolperte ich. Fast anekdotenhaft berichtet Hoving darin von einer Schilderung Carters, in der er Papyrusrollen erwähnte, die er im Grab gefunden haben wollte.

Das machte mich doch stutzig. Papyri, das wußte man längst, hatten sich im Grab nicht befunden. Hier mußte Hoving also irren. Ich beschloß, der Sache eines Tages auf den Grund zu gehen. Darum habe ich mich in diesem Buch bemüht.

Daraus wurde, ohne daß es meine Absicht war, ein Buch über Lug und Trug, über Charakterschwächen und Intrigen, über Diebstähle und Geldgier. Eigentlich, so müßte man meinen, alles Zutaten für einen spannenden Kriminalroman. Das ist ein Irrtum. Was Sie, verehrte Leserinnen und Leser, auf den folgenden Seiten erfahren, ist vielmehr real, keine Fiktion. Es ist eine Story über das vielleicht größte Rätsel der Ägyptologie.

Mit abstrusen Verschwörungstheorien will ich nicht dienen. Sehr wohl aber spielen Vertuschungen eine große Rolle.

Die Suche nach den Moses-Papieren führt uns auf drei Kontinente. Eine Spur weist ins sonnige Florida, eine weitere Fährte sogar nach Deutschland.

Die Feststellung, daß gewisse Quellen von der Altertumsforschung komplett ignoriert und andere Unterlagen nur unvollständig zitiert wurden, überraschte mich kaum. Dieses Phänomen trifft man in der Ägyptologie häufig an. Manche Gelehrten scheinen dazu berufen, sich als Moralapostel aufspielen zu müssen, andere glauben, diktieren zu können, welche Quellen von Relevanz sind.

Ich halte es auch weiterhin, wie ich es stets in meinen Büchern gehalten habe: Am Ende soll der Leser in der Lage sein, sich selbst ein Urteil zu bilden.

Beginnen wir also mit unserer Suche nach dem Unfindbaren. Lassen Sie Ihre Phantasie walten: Stellen Sie sich vor, Sie stehen gerade im Zugangskorridor zu Pharao Tutanchamuns Gruft. Heimlich sehen Sie zu, wie Howard Carter ein Loch in die letzte versiegelte Wand vor dem Grab stemmt. Er späht mit Kerzenlicht in die erste Kammer. Und voller Ungeduld fragt sein Mäzen Lord Carnarvon: »Können Sie etwas sehen?«

Intermezzo 1

Zweifelsfrei das am häufigsten verwendete Wort in diesem
Buch ist der Begriff »Papyrusrolle«. Was aber sind Papyrusrollen, und wie wurden sie hergestellt?
Papyri waren das Papier der alten Ägypter. Gewonnen
wurden sie aus den Stengeln der Papyrus-Sumpfpflanze,
die in der Antike besonders im NildeltaDelta weitverbreitet war. Die Stengel wurden in Streifen aufgeschnitten,
waagrecht und senkrecht übereinandergelegt, geklopft und
durch Pressung miteinander verklebt. Zusammengeklebt
bildeten diese weißen Blätter Rollen unterschiedlichster
Länge.
Verwendung fanden Papyrusrollen hauptsächlich in der
Verwaltung und in den Tempeln, denn die Herstellung
war für damalige Verhältnisse sehr teuer und zeitaufwendig. Nicht zu Unrecht wird die Papyrusrolle als eines der
ersten »industriell« gefertigten Produkte der Menschheitsgeschichte betrachtet.

Kapitel 2

Die Entdeckung

»Gold, überall Gold!«

»Können Sie etwas sehen?«
»Ja, wunderbare Dinge!«
Die ängstlich gestellte Frage stammte von Lord Carnarvon, die hoffnungsfrohe Antwort entgegnete sein Angestellter, der erfahrene Ausgräber Howard Carter. Man schrieb den 26. November 1922 – und es ist bis heute der größte Tag in der spannenden Geschichte der Ägyptologie. Denn in diesem Augenblick spähte Carter als erster Mensch seit rund dreitausend Jahren in die Vorkammer der Felsengruft des ägyptischen Pharaos Tutanchamun. Und was er dort erblickte, war eigentlich unbeschreiblich: Gold, überall funkelndes Gold. Einen goldenen Thron, antike Streitwagen, natürlich mit Gold überzogen. Desgleichen pechschwarze, lebensgroße Statuen mit vergoldeten Köpfen und Bahren mit mystischen, ebenfalls goldschimmernden Tierköpfen und Fabelwesen.

Rückblickend nannte Carter den 26. November in seinem dreibändigen Vorbericht über den Fund den »Tag der Tage«. Zunächst ging alles enervierend langsam: Nach Freilegung des Eingangs und der Eingangstreppe dauerte es bis zum Nachmittag, ehe die letzten Geröllreste aus dem 7,60 Meter langen Grabgang entfernt waren. Die weiteren Ereignisse hat Howard Carter ausführlich im ersten Band seiner Grabungs-Trilogie beschrieben: »Vor uns war die versiegelte Tür, und hinter ihr lag die Antwort auf unsere Frage« nach dem Grabeigentümer. Er erzählt weiter: »Der entscheidende Augenblick war gekommen. Mit zitternden Händen machte ich eine kleine Öffnung in der linken oberen Ecke (der Tür, *Anm. d. Verf.*). Lichtproben wurden aus Vorsicht gegen möglicherweise vorhandene giftige Gase angewandt, dann erweiterte ich das Loch, führte eine Kerze hindurch und spähte hinein, während Lord Carnarvon, seine Tochter Lady Evelyn und mein Sekretär Callender neben mir standen, begierig, den Urteilsspruch zu hören.«

Dieser, weiß Carter freimütig zu erzählen, ließ geraume Zeit auf sich warten. »Als Lord Carnarvon die Ungewißheit nicht länger ertragen konnte und ängstlich fragte: ›Können Sie etwas sehen?‹, war alles, was ich herausbringen konnte: ›Ja, wunderbare Dinge!‹ Dann erweiterten wir das Loch, so daß wir beide hindurchsehen konnten, und führten eine elektrische Lampe ein.« Was nunmehr in Carters Vorbericht folgt, ist eine seitenlange Aufzählung der Objekte, welche die Ausgräber in der Vorkammer der insgesamt vier Räume umfassenden Gruft vorfanden. Die Schilderung endet abrupt: »Wir hatten genug gesehen«, so Carter, »und in unsern Köpfen begann sich alles zu drehen bei dem Gedanken an die Aufgabe, die uns erwartete. Wir verstopften das Loch wieder, … ließen unsere Eingeborenen zur Wache zurück, bestiegen unsere Esel und ritten schweigsam und in Gedanken versunken das ›Tal‹ hinunter heim.«

»Am nächsten Morgen, 27. November«, heißt es bei Carter, Band I, weiter, »waren wir früh zur Stelle … Ehe wir mit unsern Untersuchungen weiter fortfahren konnten, war es das Wichtigste, geeignetere Beleuchtungsmittel zu verschaffen. Daher fing Callender mit dem Legen von Drähten an, um uns mit der elektrischen Hauptleitung im ›Tal‹ zu verbinden.« Die Mühe lohnte sich. Carter dazu wörtlich: »Mit Hilfe unserer starken elektrischen Lampen wurden viele Gegenstände sichtbar, die am Tag vorher für uns noch im Dunkeln geblieben waren, und es war möglich, die ganze Größe unserer Entdeckung genauer zu beurteilen.«

Gelungen war den Entdeckern ihr Fund im berühmten Tal der Könige. Dort, in der unwirtlichen thebanischen Gebirgskette am Westufer des Nils, der »West-Bank«, wie das Gebiet genannt wird, war das britische Duo auf den königlichen Hort gestoßen. Und irgendwo zwischen all den antiken Kostbarkeiten stand – eher unscheinbar – ein Kasten mit Rollen aus Papyrus.

Nur vier Tage später, am 30. November 1922, erhielt die Welt aus einem Exklusivbericht in der altehrwürdigen Londoner »Times« mit der Schlagzeile »Ein ägyptischer Schatz! Großer Fund in Theben« Kunde von dem archäologischen »Jackpot«. Folge des Artikels: Die Welt feierte Carter und Carnarvon als die größten Ägyptologen aller Zeiten. Das Kuriosum: Die Ägyptologen rund um den Globus nahmen die Nachricht mehrheitlich mit einem lachenden und einem weinenden Auge zur Kenntnis, denn beide Ausgräber hatten nie eine universitäre ägyptologische Ausbildung genossen, ja sie verfügten nicht einmal über irgendeinen akademischen Grad. So war Seine Lordschaft George Edward Stanhope Molyneux Herbert, fünfter Earl of Carnarvon, ein englischer Aristokrat, wie er im Buche steht – ganz

Gentleman und Lebemann. Er fand durch einen unfallbedingten Lungenschaden zum alten Ägypten. Seine Ärzte hatten ihm nämlich eindringlich angeraten, das naßkalte Winterwetter auf der »Insel« zu meiden.

Deshalb verbrachte er die kalte Jahreszeit meist am Nil. Carnarvons Ausgrabungsleiter Howard Carter verfügte wenigstens über profunde Kenntnisse. Unter anderem hatte er für den bekannten Kupfer-Magnaten Theodore Davis gegraben und immerhin schon mehrere geplünderte Gräber im »Tal«, wie er den Königsfriedhof kurz nannte, lokalisiert. Darunter befand sich auch das Grab der berühmten weiblichen Pharaonin Hatschepsut, das er 1903 freilegte. Aber Ägyptologe war auch Carter nicht. Sein erlernter Beruf war vielmehr Kunstmaler. Unter diesem Umstand litt er sein Leben lang, denn die akademische Anerkennung blieb ihm bis zum Tode verwehrt.

Das lachende Auge der Wissenschaftler bezog sich auf den 11. Absatz des »Times«-Artikels. Dort schrieb Arthur Merton, der Ägypten-Korrespondent des Blattes: » … einer der Kästen enthält Schriftrollen, von denen angenommen wird, daß sich zahlreiche Informationen darin finden.« Und mit diesen wenigen Gazetten-Zeilen schlagen wir ein neues Kapitel auf, denn hinter der knappen Erwähnung verbirgt sich vielleicht das größte Geheimnis der Ägyptologie.

Intermezzo II

Die Entdeckungsgeschichte von Tutanchamuns Grab KV 62 (KV steht für Kings Valley, also für Tal der Könige, und die Zahl für die Grabnummer der Anlage, aufgelistet nach der Reihenfolge ihrer Auffindung) ist durchaus umstritten. Die Meinung, allein Carters detektivischem Spürsinn sei die Entdeckung zu verdanken, ist nur eine Sichtweise. So gibt der amerikanische Berichterstatter und Autor Arnold C. Brackman in seiner Darstellung der Tutanchamun-Grabung folgende kurze Geschichte wieder: »Im Frühjahr 1975 erzählte mir ein alter Ägypter, der damals dreizehn Jahre alt war, daß Carter den großen Ruhm, zu dem er gekommen war, nicht verdiente.«

Das ist wohl wahr, wenn sich die Version des guten Mannes eines Tages als zutreffend herauskristallisieren sollte. Demnach hatte ein britischer Soldat während des Ersten Weltkriegs einem ägyptischen Bauern eine Papyrusrolle abgekauft.

Die Crux dabei war: Der Infanterist konnte den Papyrus nicht lesen. Er wandte sich deshalb an Howard Carter – und der mußte angeblich seine ganze Beherrschung aufbringen, um nicht zu erkennen zu geben, was der Papyrus an sensationellem Wissen beinhaltete. Die Rolle gab nämlich präzise die Eingangsstelle von Tutanchamuns Grab an! Um allerdings zum Erfolg zu gelangen, mußte Carter die Tausende Tonnen Schutt vor und über dem Grab beseitigen. Deshalb soll es ihm erst 1922 möglich gewesen sein, die Gruft tatsächlich zu öffnen. Noch zuvor aber hatte Carter den aufschlußreichen Papyrus gekauft, damit niemand anzweifeln konnte, daß die Entdeckung des Grabes sein Verdienst sei.

Kapitel 3

»*Papyri first!*«

Ein ganzer Kasten voller Schriftrollen

Auch in Deutschland wurden die Schriftrollen von Anfang an in der Presse herausgestellt: In der »Vossischen Zeitung« vom 7. Dezember 1922 wird ebenfalls »ein Kasten voller Papyrusrollen« erwähnt. Anscheinend war dem Verfasser des Artikels die enorme Bedeutung schriftlicher Quellen für die Erforschung des Altertums wohlbekannt, denn er beläßt es nicht allein bei der Aufzählung der Grabbeigaben. Vielmehr merkt er später mit profunder Kenntnis an: »Mancher Ägyptologe wird sich wohl in dem Kasten mit Papyrusrollen neben den unvermeidlichen Totenbüchern auch ein ganz kleines Röllchen mit einem Regierungsbericht wünschen, etwa in der Art dessen, der von Ramses III. erhalten ist.«

Der Hintergrund des Wunsches: Ramses III. regierte circa von 1182 bis 1151 v. Chr. und war ein König der 20. Dynastie. Der besagte »Regierungsbericht«, auf den der Verfasser des Artikels anspielt, wurde vermutlich von Ramses IV. in Auftrag gegeben. Darin enthalten sind jedoch Angaben aus der Regierungszeit Ramses' III. Dieser sogenannte »Papyrus Harris« ist mit einer Länge von über vierzig Metern und 117 Kolumnen zu je zwölf bis dreizehn Zeilen die größte bekannte altägyptische Schriftrolle. »Ursprünglich«, so nimmt der Ägyptologe Peter A. Clayton an, »sollte sie dem Grab des Königs beigegeben werden.« Tatsächlich aber fand sie sich 1855 aus unbekannten Gründen in einem kleinen, unscheinbaren Privatgrab bei Deir el-Medina.

Auf einen ähnlichen Fund hofften selbstverständlich sowohl die Ausgräber vor Ort im Tal der Könige als auch die Ägyptologen rund um den Globus.

Es ist bis heute völlig ungeklärt, wer dem »Times«-Mitarbeiter Arthur Merton die Informationen über im Grab Tutanchamuns befindliche Papyrusrollen mitteilte. Der Autor Philipp Vandenberg schreibt dazu: »Carnarvon war nicht der Mann, der die Sensation für sich behalten konnte. Er ließ den ›Times‹-Korrespondenten Arthur

Merton nach Luxor kommen.« Demnach war »Porchy«, wie Freunde den Earl nannten, der Informant.

Eine gänzlich konträre Meinung vertritt hierzu Carter-Biograph H. V. F. Winstone. In seinem Buch »Howard Carter und die Entdeckung des Grabmals von Tut-Ench-Amun« ist nachzulesen: »Carter verbrachte viele Stunden mit Merton, der ihm zuvor bereits flüchtig bekannt gewesen war. … Ihr *gemeinsamer* Hintergrundbericht lieferte den Lesern beeindruckende Hintergrundinformation.«

Wahrscheinlich ist jedoch davon auszugehen, daß Seine Lordschaft der Informant gewesen ist, denn er verbrachte nach Auffindung der Syringe einen geraumen Teil seiner Zeit mit dem Schreiben von Briefen, in denen er die Jahrhundertentdeckung in Fachkreisen persönlich publik machte. Sie sind als die »Carnarvon-Briefe« in die Geschichte der Tutanchamun-Ausgrabung eingegangen. Einer der Adressaten war der Direktor der Ägyptenabteilung des British Museums in London, Sir Wallis Budge. Er publizierte den Brief bereits ein Jahr später, 1923, in seinem Buch »Tutankhamen, Amenism, Atenism and Egyptian Monotheism«. Demzufolge schrieb ihm Lord Carnarvon am 1. Dezember 1922 unter anderem: »Ich schreibe nur kurz einige Zeilen, um Ihnen mitzuteilen, daß wir den außergewöhnlichsten ›Fund‹ gemacht haben, der je in Ägypten oder woanders zutage kam. … Ich habe die Kästen noch nicht geöffnet und weiß also nicht, was sich in ihnen befindet, *aber es gibt da einige Papyrusrollen,* Fayencen, Juwelen, Blumenkränze, Kerzen in anchförmigen (= henkelkreuzförmigen, *Anm. d. Verf.)* Kerzenständern. All das befindet sich neben vielen anderen Sachen, die man noch nicht genau erkennen kann, in der ersten Kammer.«

Es ist eine kleine Ironie der Zeit, daß Sir Wallis Budge am gleichen Tag, an dem Carnarvon sein Schreiben an ihn verfaßte, nämlich am 1. Dezember 1922, selbst einen Beitrag in der »Times« veröffentlichte. Darin bringt der Kurator die erwartungsfrohe, zugleich aber auch angespannte Haltung seiner Gilde nach Informationen über den Inhalt der Rollen im gleichen Blatt zum Ausdruck. »Unsere besondere Neugier«, führt er aus, »wurde durch die Erwähnung eines Kastens, der Rollen aus Papyri enthält, geweckt.« Und ergänzend merkte Sir Wallis an: »Wir hoffen, daß Lord Carnarvon sogleich Schritte einleiten wird, um sie zu entrollen und zu entziffern.«

Zweifelsohne wollte er damit seine beiden Landsleute am Nil unter Zugzwang setzen, die wertvollen Dokumente prioritär behandeln zu lassen. Das freilich war überflüssig, wie die weitere Entwicklung alsbald zeigen sollte. Carnarvon und Carter waren sich nämlich der Bedeutung der Dokumente absolut bewußt. Das konnte Budge nur wenige Tage später persönlich feststellen, als ihn unerwartet der private Brief Seiner Lordschaft erreichte.

Wie bereits erwähnt, war Sir Wallis Budge freilich nicht der einzige Fachmann, der von Carnarvon über die Auffindung der Schriftrollen informiert wurde. Ebenfalls mit einem persönlichen Schreiben bedacht wurde nämlich auch Sir Alan Gardiner, seines Zeichens Ägyptologe von Weltruf. Bereits am Dienstag, den 28. November 1922, schrieb »Porchy« seinem Freund aufgewühlt und erleichtert zugleich: »Der Fund ist außergewöhnlich.« Unter dem Grabinventar befindet sich auch »ein Kasten mit einigen Papyri«. Aber auch hier fehlt leider jegliche ergänzende Auskunft. Insofern ist das Schreiben, das, soweit bekannt, erstmalig der englische Ägyptologe Nicholas Reeves veröffentlichte, lediglich eine weitere Bestätigung für den Schriftrollenschatz.

Für den in die Jahre gekommenen Ägyptologen Sir Alan Gardiner aber sollte der Carnarvon-Brief erst der Beginn seiner Involvierung in die Arbeit an dem bedeutungsvollen Dokumentendepot sein …

Intermezzo III

Der im vorstehenden Kapitel erwähnte »Papyrus Harris« ist nach dem Engländer Anthony C. Harris (1790 – 1869) benannt. Es handelt sich dabei um den längsten bekannten, erhalten gebliebenen Papyrus aus der Zeit des alten Ägypten.
Doch er ist nicht nur ob seiner Länge bekannt geworden. Vielmehr erfüllt er sämtliche Voraussetzungen, die man an eine spannende Story stellt. Sex, crime and money gehören genauso dazu wie Intrigen, Korruption und Machtgier.
Im »Papyrus Harris« ist dies freilich keine Phantasieerzählung aus Tausendundeiner Nacht, sondern historische Realität. Die Schriftrolle schildert nämlich eine Haremsverschwörung gegen Ende der Regierungszeit Ramses' III. Die Experten deuten den Text sogar dahingehend, daß der Pharao an den Folgen eines Attentatsversuchs einer Nebenfrau, die ihren Sohn auf den Thron bringen wollte, verstarb. Es nimmt deshalb nicht Wunder, daß Sir Alan Gardiner hoffte, im Grab Tutanchamuns ähnlich brisante Textrollen vorzufinden.

Kapitel 4

Die Stunde der Wahrheit

Howard Carter und die Unterhosen des Pharao

Alan H. Gardiner verstand sein Handwerk. Geboren am 29. März 1879, entschloß er sich bereits als Schüler, Ägyptologe zu werden. Für die Ägyptologie war dieser Entschluß ein Segen. Auf der einen Seite avancierte Sir Alan rasch zu einem der besten Kenner der Kultur am Nil. Andererseits legte der Professor den Schwerpunkt seiner Arbeit auf den philologischen Bereich. Und auf diesem Feld war er durch seine bahnbrechende »Grammatik des Mittelägyptischen« zur unantastbaren Instanz geworden.

Doch diese wissenschaftliche Reputation schien seit dem 30. November 1922, als die »Times« die Nachricht von der Entdeckung eines weiteren Pharaonengrabes ihren Lesern (und dem Großteil der Welt) mitteilte, kaum mehr von Interesse oder gar Nutzen zu sein. Rund um den Globus zählten nur noch Lord Carnarvon, Howard Carter und Tutanchamun. Kurz: Sir Alan war etwas ungehalten. Zwar gönnte er seinem adeligen Freund Carnarvon die Jahrhundertentdeckung, aber tief in seinem Innern dachte er sicher auch, daß es besser gewesen wäre, wenn ein »richtiger Ägyptologe« das Pharaonen-Mausoleum entdeckt hätte. Selbstverständlich dachte Sir Alan dabei keineswegs an sich selbst …

Hinzu kam: Carter und Gardiner konnten sich nicht ausstehen – ihre »Chemie« paßte einfach nicht zusammen. Dabei spielte neben den gegebenen Standesunterschieden auch noch der Punkt eine bedeutende Rolle, daß Gardiner stets Howard Carters Fachkompetenz in Abrede stellte. Carter konterte gelegentlich in kleinem Kreis mit dem Satz: »Je mehr ich von ihm (Alan Gardiner, *Anm. d. Verf.*) sehe, desto weniger mag ich ihn.«

Die beiden waren wirklich wie Hund und Katze.

Dies zeigte sich auch deutlich in einem weiteren »Times«-Artikel vom 4. Dezember 1922. Giftig schrieb Gardiner: »Alle Ägyptologen warten jetzt zuversichtlich auf eine detaillierte Veröffentlichung« der

Papyrustexte, »um so mehr, als Mr. Carter der beste lebende archäologische Zeichner ist.« Trotz seines großen Erfolges versagte Gardiner
seinem Landsmann also auch weiterhin die akademische Anerkennung.

Und damit sind wir bei der ersten Merkwürdigkeit, dem ersten
offenen Rätsel unserer Suche angekommen: Denn ausgerechnet
diesen Alan Gardiner lud Carter persönlich ein, die Übersetzung der
Rollentexte vorzunehmen. In einem Telegramm, das auch als »Gar-
diner-Kabel« bezeichnet wird, ersuchte er den Professor, »die philologischen Arbeiten im Zusammenhang mit dem Papyrusfund in der
Vorkammer des Grabes von Tutanchamun zu übernehmen.«

Der zweifelsohne überraschte Gardiner nahm das Angebot selbstredend dankend an – schließlich war man jetzt wieder wer! Seine
Berufung in das Expertenteam verkündete er sogleich in der »Times«
und erläuterte bei dieser Gelegenheit zusätzlich, was er in den
Schriftrollen für Textinhalte vorzufinden glaubte: »Höchstwahrscheinlich werden die Papyri das sogenannte ›Totenbuch‹ enthalten,
und zwar in einer späten und ziemlich korrupten thebanischen
Version der 18. Dynastie«, also aus den Tagen Tutanchamuns. »So ein
Papyrus könnte mit gemalten Vignetten schön verziert sein, aber das
ist nicht sehr wahrscheinlich.«

Der Professor machte aus seinem Herzen keine Mördergrube
und legte weiter dar, was er, wenn es auch sehr unwahrscheinlich war,
in den antiken Dokumenten noch zu lesen hoffte: »Andererseits«, so
Gardiner, »spricht der Zeitungsartikel von Papyri und nicht von
einem Papyrus. Wenn es da tatsächlich andere Papyri gäbe als das
›Totenbuch‹, wäre das höchstwahrscheinlich von größtem Interesse,
und wären diese von historischem Inhalt, so wäre das von äußerster
Bedeutsamkeit.«

Howard Carter hat, soweit bekannt, nie die Beweggründe für
seine überraschende und merkwürdige Pro-Gardiner-Entscheidung
dargelegt. Vielleicht wollte er seinem Mäzen, Lord Carnarvon, damit
einen Gefallen tun, indem er dessen Freund in die Ausgräber-
mannschaft berief. Aber das ist wenig wahrscheinlich, denn es
entsprach nicht Carters Naturell. Eher ist wohl davon auszugehen,
daß der Brite den besten Mann für diese verantwortungsvolle und
schwierige Arbeit haben wollte. Das jedenfalls hätte seiner hohen
Professionalität entsprochen. Andererseits war Sir Gardiner natürlich nicht die einzige Kapazität auf philologischem Gebiet. Howard
Carter hätte sich also wahrlich einen fachlich gleichfalls versierten,

ihm aber im Umgang wesentlich angenehmeren Zunftgenossen für die Bearbeitung der antiken Texte erwählen können.

Ist Gardiners Berufung schon rätselhaft genug, so ist der Zeitpunkt seiner Auswahl aus Sicht der üblichen archäologischen Arbeitsweise geradezu unverständlich. Denn vor Aufnahme der Übersetzungsarbeit mußten die Rollen erst einmal geborgen, entrollt (was zumeist ein äußerst langwieriger Prozeß ist, um Schäden oder gar Brüche zu vermeiden) und konserviert werden.

Fraglos konnte Gardiner in der Zwischenzeit kleinere Texte auf Truhen und Gefäßen bearbeiten – aber dafür hätte es wahrlich keiner Koryphäe wie ihn bedurft, und dafür hatte ihn Carter auch nicht eingeladen.

Angesichts dieser Voraussetzungen ist die Eile von Carters Seite ebenso unangemessen wie fachlich falsch gewesen. Er hätte sich vielmehr vorrangig um Maßnahmen zur Erhaltung der Dokumente kümmern müssen. Unter den sich nach der Graböffnung dramatisch geänderten klimatischen Verhältnissen in der Gruft bestand nämlich die latente Gefahr, daß bei den antiken Dokumenten rasche Zersetzungs- und Verfallsprozesse einsetzten. Diese galt es schnellstmöglich zu stoppen bzw. zu unterbinden. Über derartige Bemühungen ist aber eigenartigerweise nie etwas verlautbart worden. Stattdessen packte Sir Alan rasch seine Koffer und machte sich im Eiltempo auf den Weg nach Luxor.

Glaubt man Howard Carters Aufzeichnungen im britischen »Griffith Institute«, dann traf Gardiner bereits am 2. Januar 1923 vor Ort ein. Somit machte Sir Alan mit seinem Reisetempo Phileas Fogg, dem Protagonisten aus Jules Vernes Roman »In 80 Tagen um die Welt«, heftige Konkurrenz.

Begierig nahm Gardiner die Schriftrollen umgehend in Augenschein. Die Entzifferung der Texte würde, das wußte er, die Krönung seines Lebenswerkes werden. Es wurde die größte Blamage seiner gesamten Laufbahn. Denn was man ihm präsentierte, waren anstelle wertvoller historischer Papyrustexte nur eingerollte Leinentücher – die Unterhosen Seiner Majestät Tutanchamun!

Man vermag sich die grenzenlose Enttäuschung des Professors kaum vorzustellen. Aber auch Carter und Carnarvon müssen von der neuen Faktenlage vollkommen überrascht gewesen sein. Noch am 17. Dezember 1922, auf dem Rückweg von Ägypten nach England hatte Lord Carnarvon gegenüber einem »Times«-Korrespondenten im französischen Hafen Marseille bekräftigt: »Eine der Truhen enthält

Papyrusrollen, die vermutlich viel Licht auf die historischen Ereignisse dieser Periode werfen, und andere Papyri liegen vielleicht noch unentdeckt in weiteren Boxen, die wir bisher noch nicht untersucht haben.«

Und jetzt stellte sich heraus, daß alles nur eine peinliche Fehleinschätzung war. Die Auswirkungen auf das Urteil der Fachwelt über den historischen Wert der Entdeckung würden, das war absehbar, dementsprechend negativ ausfallen. Kein Wunder: Das Fehlen jeglicher Schriftdokumente schmälerte die wissenschaftliche Bedeutung der Grabanlage deutlich.

Das brachten die Gelehrten auch mit drastischen Worten zum Ausdruck. So äußerte beispielsweise Professor Samuel Mercer vom Trinity College im kanadischen Toronto bereits 1923, als noch nicht einmal die Hälfte aller Artefakte geborgen worden war: »Die Funde aus dem Grab Tutanchamuns sind in ihrem Wert unvergleichlich. Aber mit all ihrem Reichtum und künstlerischen Wert haben sie doch unserem Wissen über die Geschichte des alten Ägypten kein Wort hinzugefügt. Keine Inschrift von Wert, kein einziger Papyrus kam ans Licht.«

Mercers vorschnelles und damit unwissenschaftliches Urteil läßt zwischen den Zeilen seine Schadenfreude über die Fehleinschätzung der beiden Briten deutlich werden. Wie aber konnte es zu dieser Blamage kommen? Howard Carters Begründung für den bedauerlichen Irrtum ist in seinem ersten Buch über die Tutanchamun-Ausgrabung nachzulesen. Dort schreibt er auf Seite 8: »Als wir beim matten Schein einer Kerze die erste flüchtige Untersuchung der Vorkammer vornahmen, glaubten wir, einer der Kästen (Nr. 101) enthalte Papyrusrollen. Unter einer starken elektrischen Lampe stellten sie sich später als Leinenrollen heraus, die aber immer noch eine gewisse Ähnlichkeit mit Papyrusrollen behielten.« Carter macht also die unzureichenden Lichtverhältnisse für die Verwechslung verantwortlich. Das macht Sinn, ist einleuchtend, aber eine glatte Lüge …

Intermezzo IV

Nicht nur auf Papyrus faßten die alten Ägypter ihre Texte ab. Weniger bekannt ist, daß das Staatsarchiv – insbesondere für die Außenpolitik – auf Tontafeln und in babylonischer Keilschrift statt in Hieroglyphen geführt wurde. Babylonisch galt zu jenen Zeiten des sogenannten Neuen Reichs (ca. 1570 – 1070 v. Chr.), also in jener Periode, in der auch Tutanchamun lebte, als die Lingua der Diplomatie.

Ein derartiges Archiv wurde in Kemet, wie die Ägypter ihr Reich selbst nannten, erst einmal aufgefunden. Die Entdeckung gelang 1887 in Achet-Aton, der kurzlebigen Hauptstadt unter den Pharaonen Echnaton und (nurmehr zeitweise) Tutanchamun. Bei Grabungen kamen insgesamt über 350 Tafeln zum Vorschein.

Im Herbst 2003 vermeldeten die Presseagenturen einen neuerlichen Fund: Der deutsche Archäologe Edgar Pusch und sein Team waren in Pi-Ramsesse, der Hauptstadt des Pharaos Ramses II., im Nilschlamm auf ein fünf mal fünf Zentimeter messendes Tafelfragment gestoßen. Pusch soll selbst von einer »Sensation« gesprochen haben, die die »Welt verändert«.

Puschs Prophetie hat sich bisher aber als wenig stimmig erwiesen. Heute, drei Jahre (sic) danach, ist jedenfalls bislang nichts Neues über das Fragment oder weitere Tafelfunde bekannt geworden.

Die Situation erinnert an die Tutanchamun-Ausgrabung. Erst wird eine Meldung lanciert, und dann hört man nichts mehr von der ganzen Angelegenheit. Fand man zwischenzeitlich mehr? Falls ja, mit welchem Inhalt?

Kapitel 5

Die Vertuschung

Erste Verdachtsmomente

Eine Lüge? Ja. Denn Howard Carters Begründung kann gemäß seiner eigenen Darstellung nicht zutreffen. Erinnern wir uns, was der Brite in seinem ersten Tutanchamun-Band über die Entdeckung berichtet: Die Ausgräber stehen vor der versiegelten Tür zur Vorkammer. Carter beschreibt dann, wie sie weiter vorgingen: »Mit zitternden Händen machte ich eine kleine Öffnung in der linken oberen Ecke … Lichtproben wurden aus Vorsicht gegen möglicherweise vorhandene giftige Gase angewandt, dann erweiterte ich das Loch, führte eine Kerze hindurch und spähte hinein.« Carter fährt weiter fort: »Dann erweiterten wir das Loch, so daß wir beide hindurchsehen konnten, und führten eine elektrische Lampe ein.« Damit steht fest: Eine Untersuchung der Vorkammer des Grabes bei Kerzenschein hat also nie stattgefunden! Selbst bei der allerersten Inaugenscheinnahme wurde bereits elektrisches Licht eingesetzt. Alles andere wäre auch grob fahrlässig gewesen. Man denke allein an die enorme Brandgefahr!

Am darauffolgenden Tag, dem 27. November 1922, gab es ebenfalls keine Inspizierung des Mausoleums mit Kerzen oder Fackeln. Vielmehr erkannte Howard Carter richtig: »Ehe wir mit unseren Untersuchungen weiter fortfahren konnten, war es das Wichtigste, geeignetere Beleuchtungsmittel zu verschaffen. Daher fing Callender mit dem Legen von Drähten an, um uns mit der Hauptleitung im ›Tal‹ zu verbinden. Bis zum Mittag war alles fertig.« Die schweißtreibende Arbeit war nicht umsonst. Freudig schrieb der Ausgräber: »Mit Hilfe unserer starken elektrischen Lampen wurden viele Gegenstände sichtbar, die am Tag vorher für uns noch im Dunkeln geblieben waren, und es war möglich, die ganze Größe unserer Entdeckung genauer zu beurteilen.«

Damit bekundet Carter höchstpersönlich, daß die schlechten Lichtverhältnisse nicht Ursache der »Verwechslung« der Schriftrollen mit Leinwandballen sein können. Um so unverständlicher ist es, daß Carter 128 Seiten nach seiner Schilderung erneut auf den Papyrusirrtum eingeht. Im Rahmen einer Aufzählung des Inventars der

Vorkammer schreibt er im siebten Kapitel: »Wir kommen jetzt zu der dritten Bahre, deren Seiten aus den beiden merkwürdigen Mischwesen mit geöffneten Mäulern und Zähnen und Zunge aus Elfenbein bestanden. Obendrauf stand einsam ein großer Kasten mit gewölbtem Deckel, dessen Rahmen aus Ebenholz und dessen Wände weiß gemalt waren. Er war ursprünglich für die leinenen Unterkleider bestimmt und enthielt noch eine Anzahl dieser Kleidungsstücke – Schurztücher etc. –, die meisten zusammengefaltet und in ordentliche kleine Bündel zusammengerollt.« Und in einer Fußnote merkt Howard Carter an: »Bei unserm ersten Betreten des Grabes wurden diese fälschlicherweise für Papyrusrollen gehalten.«

Zweifellos ist hier wieder der Kasten 101 gemeint. Merkwürdig ist freilich, daß der Entdecker nunmehr vom »ersten Betreten« spricht. Wie wir von Carter selbst erfahren haben, betraten Lord Carnarvon und er selbst das Grab ja nach Öffnung der versiegelten Tür nicht, sondern blickten lediglich durch die Maueröffnung auf den märchenhaften Pharaonenschatz. Und bei der ersten Begehung am Folgetag hatte Assistent Callender bereits »starke elektrische Lampen« installiert. Wann also soll dieses »erste Betreten« (und zugleich unter schlechten Beleuchtungsverhältnissen) stattgefunden haben?

Carter befindet sich hier ganz offensichtlich in Erklärungsnotstand. Einerseits versucht er, eine plausible Begründung für die Schriftrollenverwechslung zu geben, die aber, wie von ihm geschildert, unmöglich zutreffen kann. Andererseits berichtet er von Ereignissen in diesem Kontext, die sich gemäß seinen eigenen schriftlichen Einlassungen so überhaupt nicht abgespielt haben können.

Aber da gibt es noch einen weiteren Widerspruch. Er betrifft die Truhe Nummer 101. Hier steht Carters Behauptung gegen das Wort von Lord Carnarvon. Der hatte ja in seinem Brief an den Kustos des British Museums, Sir Wallis Budge, ausdrücklich hervorgehoben: »Ich habe die Kästchen noch nicht geöffnet und weiß also nicht, was in ihnen ist, aber es gibt da einige Papyrusrollen.« Falls hier das Erinnerungsvermögen dem Lord keinen Streich spielte, kann also tatsächlich nicht die Box 101 gemeint gewesen sein, denn sämtliche diesbezüglichen in-situ-Fotos aus der Anfangszeit der Ausgrabung zeigen einheitlich die Truhe 101 in *geschlossenem* Zustand. War also die Truhe 101 gar nicht das »corpus delicti papyrica«?

Ausgerechnet Sir Wallis war denn auch der erste, der Zweifel an den Darstellungen des erfolgreichen Duos anmeldete. In seinem bereits zitierten Tutanchamun-Buch von 1923 wagt Budge den Spagat, einerseits den Ausführungen seiner beiden Landsleute zu vertrauen, gleichzeitig aber auch mit seinen nagenden Zweifeln an der angeblichen Papyrus-Blamage nicht hinter dem Berg zu halten. Geschickt führt Budge zunächst der allgemeinen akademischen Linie das Wort, indem er die Meinung vertritt, die Funde aus Tutanchamuns Grab würden »keine neuen historischen Erkenntnisse« enthalten.

Dann aber läßt er die Katze aus dem Sack. Orakelhaft merkt er nämlich an: »Lord Carnarvon mag aus dem Grab Informationen erhalten haben, die unser Wissen über die Regierungszeit Tutanchamuns vertiefen würden, aber wenn das der Fall war, so hat er sie jedenfalls nicht veröffentlicht.«

Der Buchautor Arnold C. Brackman wirft, auf Budge fußend, provokant die Fragen auf: »Haben Carter und Carnarvon Papyri in dem Grab gefunden? Wenn ja, unterschlugen sie sie?« Basierend auf seinem Kenntnisstand von 1976, dem Erscheinungsjahr seines Buches, gibt er gleich selbst eine negative Antwort: »Das wäre«, schreibt Brackman, »sehr unwahrscheinlich, wenn man vor allem an Carters jahrelange exakte Arbeit denkt. Es läge überhaupt nicht in Carters Wesen, eine Entdeckung zu unterdrücken. Das gleiche kann man von Carnarvon sagen.«

Brackman fährt fort: »Man muß deshalb annehmen, daß in der ersten Aufregung und Freude über die Entdeckung Funde, die Papyrusrollen ähnlich sahen, als solche angesehen wurden.«

Nur zwei Jahre später wäre Arnold Brackman mutmaßlich zu einem anderen Urteil gekommen. Aber damit schlagen wir ein neues Kapitel in unserem Ägyptologie-Krimi auf.

Intermezzo V

Es ist äußerst fragwürdig, ob die in den vorangegangenen Kapiteln skizzierte Entdeckungsgeschichte des Tutanchamun-Mausoleums überhaupt den tatsächlichen Ereignissen entspricht.

Howard Carter selbst hat in seiner Ausgrabungs-Trilogie eingeräumt, daß die erste Stufe zum Grab bereits freigelegt worden war, als er am Morgen des 4. November 1922 an der Arbeitsstätte im Tal der Könige ankam. Den Namen des einheimischen Finders hat er allerdings an keiner Stelle erwähnt.

Auch die englische Ägyptologin Christine El Mahdy erhebt in ihrem Buch »Tutanchamun: Leben und Sterben des jungen Pharao« Zweifel an der Fundgeschichte in der Carter-Version.

Und der Schweizer Wissenschaftsjournalist Beat Biffiger hat gemeinsam mit mir in »Der Tut-anch-Amun Skandal« aufgezeigt, daß gewisse Indizien den Schluß nahelegen, daß KV 62 bereits Jahre vor der offiziellen Entdeckung durch den berühmt-berüchtigten Rassul-Grabräuber-Clan lokalisiert worden war. Die über zwanzigjährige »Beziehung« zwischen Carter und den Rassuls gehört zu den spannendsten Kapiteln der Ägyptologie. Bis heute sind sie ungeschrieben.

Kapitel 6

Enthüllung und Demaskierung

Ein Museumsdirektor packt aus

Warum flüchteten sich die beiden Ausgräber derart häufig in nachweislich wahrheitsverzerrende, ja definitiv falsche Behauptungen?

Lange Zeit gab es auf diese Frage keine befriedigende Antwort. Bis 1978 der Enthüllungsreport »Der goldene Pharao Tut-ench-Amun« erschien. Verfasser ist der seinerzeitige Direktor des bekannten New Yorker Metropolitan Museums, Thomas Hoving. Der 384 Seiten umfassende Bestseller revolutionierte die Tutanchamun-Ausgrabungshistorie grundlegend. Hoving gelang es, basierend auf bis dahin unveröffentlichten Dokumenten aus dem Archiv seines US-Museums und anderer Stellen, zu belegen, daß sowohl die Fundgeschichte als auch die Fundsituation von den beiden umjubelten Gentlemen in weiten Teilen absichtlich *falsch* dargestellt bzw. bewußt *verfälscht* wurde. Der Grund hierfür war herzlich einfach und banal: Carter und Carnarvon hatten sich nicht an die vereinbarte Grabungskonzession mit der ägyptischen Altertümerverwaltung gehalten und bewußt gegen mehrere Bestimmungen verstoßen.

Das Dilemma begann mit der »Inspektion« der Grabvorkammer am 26. November 1922. Carter berichtete über das Ende dieser Betrachtung (denn etwas anderes war es nicht, weil sie ja das Grab nicht betreten haben): »Wir hatten genug gesehen … Wir verstopften das Loch wieder, schlossen das Holzgitter ab, das vor dem ersten Türeingang angebracht war, ließen unsere Eingeborenen zur Wache zurück, bestiegen unsere Esel und ritten schweigsam und in Gedanken versunken das ›Tal‹ hinunter heim. … Ich glaube, in dieser Nacht schliefen wir alle nur wenig.« Dazu Thomas Hoving: »Carters offizieller Bericht über die erste Untersuchung der Vorkammer ist … irreführend, mehr noch, er ist eine glatte Lüge.« Und in der Tat konnte Hoving anhand der ihm zugänglichen neuen Quellen nachweisen, daß

- Carter, Carnarvon, dessen Tochter Lady Evelyn und selbstverständlich Carters Adlatus Callender nicht nur in die Vorkammer blickten, sondern sie vielmehr – entgegen allen späteren Beteuerungen – sehr wohl betraten.
- das Quartett in dieser Nacht darüber hinaus in sämtliche vier Kammern der Königsgruft vordrang. Hierzu wandte es sogar Brachialgewalt an und schlug Steine aus der versiegelten Nordwand der Vorkammer heraus.
- ihre Euphorie über den Schatzfund sogar so groß war, daß sie eine archäologische Todsünde begingen: Sie veränderten die Fundsituation vieler Gegenstände, indem sie sie freudig erregt in die Hände nahmen und den übrigen Teilnehmern im Licht ihrer Stablampen präsentierten.
- das Grabungsduo in dieser Nacht und an den Folgetagen einige wenige Stücke aus der Kammer unerlaubt entnahm oder besser gesagt unerlaubt entwendete.
- Howard Carter in der Sargkammer aus Neugier nicht davor zurückschreckte, das königliche Siegel des zweiten Schreins zu erbrechen und die Flügeltüren zu öffnen, um zu sehen, ob die königliche Mumie nach menschlichem Ermessen von Grabräubern unberührt geblieben war.

Die Liste der Verfehlungen des erfolgstrunkenen Quartetts ließe sich noch durchaus verlängern. Hoving beschreibt die Situation knapp, aber zutreffend: »Sie hatten sich auf eine Sache eingelassen, zu der sie nicht befugt waren und die sie im Entdeckungsfall ihre Konzession kosten würde.«

Und die Bestimmungen waren eindeutig: So durfte – beispielsweise – ein neuentdecktes Grab von ihnen lediglich in Anwesenheit eines Inspektors des ägyptischen Antikendienstes geöffnet werden. Der freilich konnte erst am nächsten Tag erscheinen, weil Carter die Benachrichtigung über die Entdeckung erst am Abend überbringen ließ.

Andererseits muß man Carters Verhalten menschlich verstehen. Er hatte, das wurde ihm rasch bewußt, zweifelsohne den größten jemals in Ägypten lokalisierten Hort gefunden. Aber gleichzeitig sprachen viele Indizien dafür, daß Grabräuber schon in der Antike in das Mausoleum eingedrungen waren. So stellte Carter bereits an

den versiegelten Zugangstüren zum Grab Spuren mehrfacher Wieder-
verschließung fest. Er ging deshalb von insgesamt zwei Raub-
attacken aus.

Auch der erste Blick in die Vorkammer bestätigte seine Befürch-
tungen. In dem 8 mal 3,6 Meter großen Raum herrschte teilweise ein
kaum für möglich gehaltenes Durcheinander. Bahren, Stühle und
Kästen waren achtlos übereinander gestapelt und hatten sich ineinander verkeilt. Auf dem Boden vor der Nordwand lagen verstreut
kleinere und größere Alabastergefäße. Die Plünderer hatten sie wohl
achtlos auf die Seite gestellt oder gar geworfen.

Angesichts dieser Befundung wird Carters wissenschaftlich frevel-
haftes Benehmen durchaus nachvollziehbar. Er wollte um jeden Preis
erfahren, ob er »seinen« Pharao Tutanchamun, den er so viele
entbehrungsreiche Jahre gesucht hatte, unversehrt oder geplündert
und geschändet vorfand.

Die Sache hat nur einen Haken: Carter lügt auch in diesem Fall.
Seine Grabräuber-Story ist nichts weiter als eine ägyptologische
Vertuschungsmär, ein Konstrukt, um den wirklichen Zustand des
Grabes bei der Auffindung zu verschleiern.

Hat Thomas Hoving kräftig an dem hehren Carter-Carnarvon-
Denkmal gerüttelt und ihre menschliche und wissenschaftliche Integrität in Zweifel gezogen, so war es dem Ägyptologen Rolf Krauss
vorbehalten, das Denkmal der beiden Briten endgültig vom Sockel zu
stoßen. Denn während Thomas Hoving zwar Teile der Fundgeschichte
als unwahr entlarvte, die Gesamtsituation aber kaum anzweifelte,
gelang dem Altertumsforscher Krauss in einer akribisch exakten
Darstellung der Beweis: Tutanchamuns Syringe wurde nie von antiken
Grabräubern heimgesucht. Die einzigen Grabräuber, die das Mausoleum je gesehen hat, waren Carter und Carnarvon!

Intermezzo VI

Neben Objekten aus Edelmetall gehören Papyri zu den am meisten profitabel zu veräußernden Antikas. Carter handelte schwunghaft damit. So vermerkte er, um nur ein Beispiel zu nennen, am 5. April 1923 in seinem Tagebuch einen Beleg über 973 Britische Pfund vom Metropolitan Museum für den Ankauf des »Papyrus von Mr. Nahman«. Gewissenhaft fügte er hinzu, daß er zweihundert Pfund davon als Kommission erhielt.

Am gleichen Tag, um 2.00 Uhr morgens, war Lord Carnarvon in Kairo an einer Blutvergiftung verstorben.

Kapitel 7

Die Krauss-Untersuchungen

Ein archäologischer Befund mit Brisanz

Zugegeben: Der Titel animiert nicht gerade zum Lesen. »Zum archäologischen Befund im thebanischen Königsgrab Nr. 62« lautet die reichlich unspektakulär klingende Überschrift des 17-seitigen Aufsatzes von Rolf Krauss. Entsprechend gering war die Beachtung der detaillierten Arbeit – selbst in Fachkreisen. Einer Gepflogenheit unter Ägyptologen, der wir noch mehrfach begegnen werden. Das ändert freilich nichts an der hervorragenden fachlichen Qualität der Schrift.

So gelingt Krauss der Nachweis, daß Carter zumindest eine Truhe (vielleicht die schönste des ganzen Grabes) der Vorkammer umplaziert hat, um den Blick auf das von ihm in die Sargkammer geschlagene Loch zu verwehren. Es handelt sich dabei um Fundnummer 21. Für dieses Möbel wäre genau Platz unter einer der Bahren gewesen. Der Raum dort blieb jedoch vakant, und – welch' Zufall – genau an dieser Stelle fand sich ein weiteres Loch. Diese zweite Öffnung ließ den Blick in die Seitenkammer zu. Grabräuber hätten die Truhe sicher nicht vorsichtig an einen anderen Platz getragen, sondern vielmehr achtlos beiseite geworfen.

Doch der Clou kommt erst noch. Das von Carter Grabräubern unterstellte Loch zur Seitenkammer mißt nämlich exakt 94 x 94 Zentimeter. Krauss schreibt zu Recht: »Diese Regelmäßigkeit spricht nicht für das Werk von Plünderern ...« In der Tat: Antike Räuber werden wohl kaum nach dem Maßstock ihre Löcher in die Wände gedroschen haben. Und das ist nur ein kleiner Ausriß aus seiner umfangreichen Beweis- und Indizienkette ...

Da somit erwiesenermaßen sowohl die Einbruchsspuren zur Sargkammer (von Hoving) als auch zur Seitenkammer (von Krauss) als nicht antik identifiziert wurden, »sind«, wie Krauss resümiert, »konsequenterweise alle von Carter in Sarg- und Schatzkammer genannten Einbruchsspuren als Mystifikation« zu sehen.«

In der Seitenkammer selbst, die wirklich vor Unordnung, ja regelrechtem Chaos strotzte, will Howard Carter gemäß seinem Vorbericht keinen Gegenstand gefunden haben, »der nicht deutliche Merkmale der Plünderung aufgewiesen hätte«. Explizit stellt er eine große Bogentruhe heraus und schreibt über sie: »Auf einer der größeren Kisten konnte man noch die Fußspuren des letzten Eindringlings sehen.«

Es ist unglaublich, aber es scheint tatsächlich so, als hätte erst Ägyptologe Krauss erkannt, daß Carter mit diesem Hinweis seiner Glaubwürdigkeit selbst den Todesstoß versetzt. In seinem Aufsatz stellt Krauss nüchtern die Frage: »Worin liegt die methodisch verläßliche Möglichkeit, die Fußabdrücke hypothetischer antiker Diebe von denen jener Männer zu unterscheiden, die die Beigaben deponierten?«

Im Klartext: Woran will man unterscheiden, ob die Fußabdrücke zu einem Wächter des Königsfriedhofes gehören oder von einem Nekropolendieb stammen? Krauss beweist: Zu keinem von beiden. Trocken – und vielleicht gerade deshalb schon fast witzig – gibt er die Antwort: Es muß einer der Ausgräber, vorzugsweise Howard Carter persönlich gewesen sein, von dem die Abdrücke stammen.

Der Grund: Die auf dem Deckel des Kastens (Nr. 370) deutlich sichtbaren Fußspuren sind »Abdrücke *moderner* Schuhe mit Absätzen (Hacken). Es handelt sich nicht um Abdrücke von bloßen Füßen oder von altägyptischen Sandalen.« Daran gibt's nichts zu rütteln. Die alten Ägypter haben viel erfunden – Gamaschen gehörten nun wirklich nicht dazu …

Sowohl Krauss als auch Hoving vor ihm bringen noch seitenweise weitere Belege für die Unhaltbarkeit von Carters Grabräubermärchen. Ein letztes Beispiel mag veranschaulichen, wie hanebüchen Carters »Grabräuberbelege« sind: Der Brite behauptete, er habe im Grab einen Siegelabdruck aus der Regierungszeit Ramses' IX. vorgefunden. Dieser Ramesside lebte Jahrhunderte nach Tutanchamun. Sein Siegel wäre also ein wirklich schlagender Beweis dafür, daß das Grab noch einmal aufgebrochen wurde.

Doch auch diese Behauptung läßt sich leicht ad absurdum führen. Über dem Grabeingang waren nämlich Hütten errichtet worden – und zwar von jenen Arbeitern, welche die Gruft Ramses' VI. anlegten. Spätestens ab diesem Zeitpunkt war die Tut-Syringe zugeschüttet und deshalb bereits in Vergessenheit geraten, als Ramses IX. auf Kemets Thron saß. Es ist nur noch Chronistenpflicht, darauf hinzuweisen, daß später der besagte angebliche Ramses-Siegelabdruck von dem Ägyptologen James H. Breasted in Wahrheit als Fragment eines Siegels mit Tutanchamuns Namen identifiziert wurde.

Es gibt einige Ägyptologen, die heute davon ausgehen, daß Howard Carter und Lord Carnarvon die reale Fundsituation geradezu dramatisch veränderten. Sie nehmen an, daß keine einzige der vier Kammern in ihrem Entdeckungszustand belassen wurde – nur um das Grab als »bereits im Altertum geplündert« klassifizieren zu können. Dies war von enormer Wichtigkeit, denn der Grund für diese groß angelegte Camouflage-Aktion lag in dem zwischen den Ausgräbern und der ägyptischen Antikenverwaltung geschlossenen Konzessionsvertrag. Zwar war ausdrücklich eine generelle Fundteilung zwischen dem ägyptischen Staat und Lord Carnarvon vereinbart, doch mit einer kleinen, aber fatalen Ausnahme: Sollte ein Grab unversehrt aufgefunden werden, würde der komplette Inhalt in vollem Umfang in ägyptischem Besitz verbleiben. So nachlesbar in den Artikeln 9 und 10 der Übereinkunft. Auf der anderen Seite waren die Chancen, ein unversehrtes Grab zu finden, faktisch mit Null anzusetzen.

Faktisch ist genau dieser Fall jedoch eingetreten. Tutanchamuns Grab war seit seiner Versiegelung vor dreitausend Jahren weder betreten noch geöffnet worden! Und somit war eigentlich die Rechtslage für das Duo klar: Außer Spesen nichts gewesen ...

Seine Lordschaft und dessen Angestellten muß diese Erkenntnis wie ein Peitschenhieb von »Indiana Jones« getroffen haben. Da war ihnen die größte Entdeckung in der Geschichte der Archäologie gelungen – und sie hatten juristisch keinerlei Anspruch auf ein noch so winziges Artefakt. Wie bitter, frustrierend und demoralisierend diese Situation für die beiden Engländer gewesen sein muß, können wir kaum erahnen.

Carter hatte rund dreißig Jahre in Ägypten verbracht. Im Alltag bedeutete dies Schweiß, unbotmäßige Hitze, geringes Salär. Aber das sind lediglich Oberflächlichkeiten. Gravierender ist das mit den Arbeiten verbundene Hoffen und Bangen, das nervenzehrende Warten und immer wieder – fast schon gebetsmühlenartig – das heimliche Flehen um den »Großen Preis«.

Jetzt hatten Carter und Carnarvon beide Hände an den Schatz gelegt, und doch schien er zwischen den Fingern zu zerrinnen. Vor diesem Hintergrund ist ihr Handeln durchaus verständlich. Wissenschaftlich ist es hingegen geradezu verwerflich und moralisch absolut indiskutabel.

Basierend auf den Hoving-Krauss-Ermittlungen erhält die rätselhafte Andeutung von Sir Wallis Budge über möglicherweise nicht publizierte Papyri eine völlig neue Qualität. Der Direktor der Ägypten-Abteilung des British Museums in London hatte, wie bereits geschildert, orakelt: »Lord Carnarvon mag aus dem Grab Informationen erhalten haben, die unser Wissen über die Regierungszeit Tutanchamuns erweitern würden, aber wenn dem so war, so hat er sie jedenfalls nicht publiziert.« Verfügte Budge, der mit Lord Carnarvon befreundet war, über Insiderinformationen? Wollte Budge gar andeuten, daß genau das, was Arnold Brackman verneinte, in Wahrheit der Realität entsprach? Haben die Ausgräber Schriftrollen unterschlagen?

Sicher ist jedenfalls: Wer da annimmt, mit der Veränderung der Fundsituation und der unwahrheitsgemäßen Berichterstattung über die Entdeckungsgeschichte des Grabes hätten die zwei Engländer den Tiefpunkt ihres Tuns erreicht, der sieht sich getäuscht. Das Duo sank noch tiefer.

Intermezzo VII

*Noch immer tauchen Fundstücke aus dem Tutanchamun-
Hort im »Schwarzhandel« oder auf legalen Auktionen
auf. Letzteres war angeblich im Dezember 1987 erstmalig
der Fall. Damals kündigte das distinguierte Londoner
Auktionshaus Christie's an, »erstmals einen Gegenstand
aus dem Grab des ägyptischen Pharaos Tut-ench-Amun«
unter den Hammer zu bringen. Bei dem teuren Stück
handelte es sich um eine verzierte Platte aus Goldblech.
Wie Mitarbeiter von Christie's ermittelten, stammt die
fünfundzwanzig Zentimeter lange Platte von einem Möbel
aus der Gruft des Königs. Dort wurde das goldene Teil
abgebrochen oder entwendet und auf dem Schwarzmarkt
verkauft. Schließlich fand das Objekt seinen Weg zu
Christie's. Die Experten schätzten vorab, einen Preis in
der Größenordnung zwischen 150 000 und 450 000 Mark
erzielen zu können.
Daraus wurde nichts. Wenige Tage vor der vielbeachteten
Versteigerung zog Christie's die Goldplatte zurück. Es war,
wenn auch spät, der dringende Verdacht aufgekommen,
daß die Platte eine Fälschung sein könnte. Präventiv
entschied man sich deshalb, das Objekt aus dem Katalog
zu streichen, um keinen Ansehensverlust hinnehmen zu
müssen.
Das weitere Schicksal der Platte liegt im Dunkeln. So
unversehens sie auftauchte und für Wirbel sorgte, so rasch
verschwand sie wieder aus dem Blickfeld, ohne auch nur
einen Hinweis auf ihren weiteren Werdegang zu hinter-
lassen. Ebenso unklar ist natürlich, ob die Platte im
Zusammenhang mit dem nächsten Kapitel zu sehen ist –
falls sich doch noch ihre Echtheit herausgestellt haben
sollte.*

Kapitel 8

Die
»Weinkisten-Affäre«

Carters kriminelle Machenschaften

Tatsächlich bekamen Carter und Carnarvon alsbald Ärger mit den einheimischen Behörden – durch eigenes Verschulden. Das Unheil nahm bereits wenige Tage nach der Grabfreilegung, am 29. November 1922, seinen Lauf. An diesem Tag veranstalteten die Briten eine »offizielle Graböffnung«, zu der sie zahlreiche Honoratioren einluden – aber nicht einen einzigen Repräsentanten der Altertümerverwaltung.

Mit einem derartigen Affront gegenüber der »vorgesetzten Behörde« macht man sich wahrlich keine Freunde. Hinzu kam die bohrende Ungewißheit über die Konzessionsauslegung durch die Ägypter. Die Folge: Das Duo bereicherte die Palette seiner illegalen Machenschaften um eine weitere Variante. Diesmal aber um eine, die in jedem Land der Erde als schwere Straftat geahndet wird. Lord Carnarvon und Howard Carter begingen Altertümer-Diebstahl!

»Dieser ›Export‹ war mehr als fünfzig Jahre hindurch eines der bestgehüteten Geheimnisse der Ägyptologie.«, merkt hierzu der einstige Leiter des Metropolitan Museums, Thomas Hoving, in seinem bereits erwähnten Buch »Der goldene Pharao« an. Hoving selbst hat über ein Dutzend »Aegyptica« (Fachausdruck für antike altägyptische Artefakte, *Anm. d. Verf.*) identifiziert, die einst mit Sicherheit oder sehr wahrscheinlich zum Inventar der Pharaonengruft Tutanchamuns zählten. Darunter
- ein Halskragen aus blauen Fayence-Perlen.
- ein massivgoldener Siegelring mit dem Namen Tutanchamuns.
- zwei wertvolle Fingerringe mit dem Thronnamen Tutanchamuns, Neb-cheperu-Re. Carter will sie auf dem »Boden der Vorkammer« aufgelesen haben.
- zwei Nägel aus massivem Gold vom dritten Sarg des Potentaten.

Diese Exponate stammen allesamt aus dem Metropolitan Museum. Aber nicht nur das »Met« darf sich rühmen, Grabbeigaben aus KV 62 sein eigen nennen zu können. Weitere Stücke – vier an der Zahl – werden dem New Yorker Brooklyn Museum zugeschrieben. Eines haben all diese Objekte gemeinsam: Sie sind klein und handlich. Die Fachwelt spricht deshalb sarkastisch von einer »Rocktaschenkollektion«, die sich Carter und Carnarvon aneigneten.

Ob sich das diebische Duo auf handliche Kleinodien bei seiner Auswahl beschränkte, ist unbekannt. Davon auszugehen ist kaum. Zumindest in einem Fall unternahm Carter jedenfalls den Versuch, ein voluminöseres Fundstück beiseite zu schaffen. Bei einer Inventur der Altertümerverwaltung stieß deren Kommissionsleiter Pierre Lacau auf eine Kiste mit der Aufschrift »Rotwein«. Mißtrauisch geworden, öffnete er die Kiste – und erblickte eine der künstlerisch schönsten Holzplastiken, die jemals in Ägypten aufgefunden worden war. Sie zeigt das Antlitz Tutanchamuns!

Aus Mangel an Beweisen nahm man Carter, der sich in England aufhielt, letztlich seine Darstellung ab, er habe den Kopf in der Kiste verwahrt, bis sich die »Gelegenheit zu einer sorgfältigen Restaurierung« böte. Weshalb aber brachte Carter den lebensgroßen Kopf in der Vorratskammer der Grabungsmannschaft unter und titulierte den Behälter als »Weinkiste«?

Laut Carter fand man den Kopf im Schutt der Eingangstreppe. Warum erwähnt der Ausgräber den Kopf jedoch mit keiner Silbe im ersten Buch seines Vorberichts? Noch verdächtiger: *Nach* der »Weinkisten-Affäre« beeilte sich der Brite, eine Fotografie des aus einer Lotusblume herausragenden Kopfes in seinem Vorbericht, Band 3, zu veröffentlichen – auf Tafel 1.

Unwillkürlich taucht die Frage auf: War dies die einzige »Weinkiste« oder nur eine unter vielen? Und falls ja, was beinhalteten diese? Fakt ist, daß den Experten neben den besagten Schriftrollen so mancher Gegenstand fehlt, den sie in einem Pharaonengrab zu finden erwartet hätten. So ist den Fachleuten völlig schleierhaft, weshalb im Grab die königlichen Machtinsignien Peitsche und Krummstab gleich in mehrfacher Ausfertigung vorgefunden wurden, aber keine von des Herrschers Kronen – und im Nilland besaßen die Könige davon gleich deren fünf! Bestenfalls von einer der Kronen ließ sich (vielleicht) ein kümmerlicher Überrest bergen. Aber das ist unter den Experten heftig umstritten, weil der Gegenstand stark beschädigt ist.

Nicht anders verhält es sich mit dem möglichen Inhalt eines fünfzig Zentimeter hohen, vergoldeten Statuenschreins aus der Vorkammer. Carter schreibt dazu, daß dieser einst mit Sicherheit eine Statue aus purem Gold beherbergt habe, die von den antiken Grabräubern entwendet wurde. Tatsächlich findet sich im Innern des Schreins ein ebenfalls mit Goldblech überzogenes Statuenpostament, in das zwei Fußumrisse zur Einpassung und Verankerung dieses goldenen Götzenbildes eingearbeitet sind. Da, wie wir aber nunmehr wissen, die antiken Grabräuber lediglich ein Phantasiekonstrukt der beiden Briten waren, steht zu befürchten, daß sie sich das Standbild aneigneten. Von der Statue jedenfalls fehlt bis heute jede Spur.

Howard Carter war kein Gelegenheitsdieb, er betrieb »Antikas«-Handel, also den An- und Verkauf altägyptischer Artefakte, in großem Stil, um sein mageres Einkommen aufzubessern. Ich hatte das Glück, bei meinen Recherchen im Berliner »Geheimen Preußischen Staatsarchiv« ein altes Schreiben zu entdecken, das den Schluß nahelegt, daß Carter zum Zeitpunkt der Entdeckung von Tutanchamun bereits seit zwei Jahrzehnten im Im- und vor allem Exportgeschäft mit ägyptischen Altertümern beschäftigt war – und zwar im illegalen, sprich kriminellen.

Den Brief abgefaßt hat der deutsche Ägyptologe Ludwig Borchardt. Der gebürtige Berliner lebte von 1863 bis 1938. Borchardt wirkte an zahlreichen Grabungen mit, unter anderem im Pyramiden-Tempel des Pharaos Chephren, dem Erbauer der zweitgrößten Pyramide in Giseh. Und er forschte in Achet-Aton, besser bekannt unter seinem modernen Namen Tell el-Amarna, jener Stadt, in der Tutanchamun geboren wurde und unbeschwert seine Kindheit verlebte – und auch einen Teil seiner Regierungszeit. Dort, in der unwirtlich heißen Gegend von Amarna, gelang dem Preußen auch der Fund seiner Funde: Er entriß dem Wüstenboden die weltberühmte Büste von Echnatons Gemahlin, der legendären Königin Nofretete.

Adressiert ist Borchardts Brief »an die Kommission zur Herausgabe des Wörterbuches der Ägyptischen Sprache«. Der Inhalt des Schreibens umfaßt nur wenige Zeilen und wird, soweit mir bekannt, hier erstmalig der Öffentlichkeit zur Kenntnis gebracht. Borchardt schreibt: »Der Kommission beehre ich mich, über weitere Diebstähle von Altertümern aus dem Gewahrsam des Service des antiquités zu berichten. Von Mohamed Abd el-Rassul in Qurnah wurden Herrn Professor Sethe (deutscher Ägyptologe, *Anm. d. Verf.*) Stücke gezeigt, die, wie sich der Besitzer rühmte, aus Mr. Carter's Hause in Medinet

Habu ihm verkauft worden seien ...«

Mohamed Abd el-Rassul war ein Mitglied des berüchtigsten und zugleich erfolgreichsten Grabräuber-Clans von ganz Theben – wahrscheinlich aber sogar von ganz Kemet. Sollten Borchardts Informationen der Wahrheit entsprechen, hätte Carter nie und nimmer eine Grabungskonzession erhalten dürfen.

Zugegeben: Was Borchardt hier behauptet, klingt geradezu ungeheuerlich. Demnach war Carter nicht nur »Dealer« von Artefakten, er paktierte auch mit Dieben, Schmugglern und Fledderern – und das zu seinem persönlichen Vorteil und zum Nachteil des ägyptischen Staates!

Warum dieses Schreiben in der Carter/Tutanchamun-Forschung bislang nie eine Rolle gespielt hat, ist unbekannt. Eines jedenfalls kann nach Kenntnis dieses Schreibens nicht mehr in Abrede gestellt werden: Bereits 22 Jahre vor Tutanchamuns Auffindung war der ehrenwerte Mister Carter in illegalen Antiquitätenhandel verstrickt. Der Mann besaß also bereits genügend Erfahrung im Vertuschen, Verschweigen und Verhökern.

Ist Carter – aus welchen Gründen auch immer – mit den Papyrusrollen ebenso verfahren? Hat er sie verschwinden lassen, etwa in einer Art zweiten »Weinkiste«? Falls ja, muß er Mitwisser oder Helfer gehabt haben. Um diese und andere Fragen klären zu können, müssen wir noch einmal zurück zu Carters Lügengeflecht.

Intermezzo VIII

Ob Zeitung, Fernsehen oder Internet, der gesamten Weltpresse war es allemal eine Nachrichtenmeldung wert: Im Frühjahr 2006 wurde nach fast vierzig Jahren endlich Tutanchamuns »bestes Stück« wiedergefunden: sein Penis.

Das königliche Fortpflanzungsorgan kam 1968 abhanden. Seither wurden zahlreiche mehr oder wenig stichhaltige Spekulationen über den Verbleib des Gemächts in Umlauf gebracht. Immer wieder war von »gezieltem Diebstahl« die Rede.

Wie so oft, ist auch in diesem Fall die Wahrheit eine völlig andere: Die unspektakuläre Wiederentdeckung des Penis' glückte zu Jahresbeginn 2006, als Tuts Mumie im Tal der Könige mittels Computertomographie untersucht und gescannt wurde. Als man die Mumie hochhob, lag darunter im Sand die abgebrochene pharaonische Männlichkeit. Die Wissenschaftler verzichteten darauf, ihr eine eigene Registraturnummer zuzuordnen …

Kapitel 9

Das zweite Lügengeflecht

Das Duo kann's nicht lassen

Wie wir feststellten, halten weite Teile der Fundgeschichte, so wie sie Carter in seinem dreibändigen Vorbericht skizziert, einer eingehenden Nachprüfung nicht stand.

Gleichlautend fällt das Urteil im Falle der Papyri aus. Rekapitulieren wir:

- Zuerst behauptet Carter, man habe in der Vorkammer des Grabes einen Kasten (Nummer 101) voller Papyrusrollen unbekannten Inhalts gefunden.
- Lord Carnarvon bestätigte mindestens drei Wochen lang, bis 18. Dezember 1922, diese Version gegenüber den Medien und in mehreren Briefen an Bekannte.
- Bereits in den ersten Tagen nach der Entdeckung der Dokumente beruft Carter den Spezialisten Sir Alan Gardiner in das Ausgrabungsteam. Gardiners Aufgabe ist es, so schnell wie möglich die philologische Bearbeitung der wertvollen Rollen zu übernehmen.
- Anfang 1923 stellen sich die vermeintlichen Schriftrollen als Unterkleidung des Pharao heraus.
- Howard Carter nennt als Ursache für den unfachmännischen Irrtum die schlechten Lichtverhältnisse (Kerzenlicht) bei der ersten, oberflächlichen Inspektion der Kammer.
- Eine Besichtigung des Grabes mit Kerzenlicht als Beleuchtungsquelle hat aber – nach Carters eigenen Ausführungen in seinem Vorbericht – niemals stattgefunden. Somit ist seine Begründung für die Verwechslung nicht nur nicht stichhaltig, sondern absolut falsch.

Dessen ungeachtet hält Carter wie ein störrischer Esel an dieser Version fest. Gleichzeitig läßt er sich aber eine Hintertür offen, um die aufgefundenen Texte zu gegebener Zeit (beispielsweise falls sie sich bei der Übersetzung als nicht brisant herausstellten) doch noch in das Grabinventar einfließen lassen zu können. Dies läßt sich jedenfalls einem Katalog entnehmen, der 1923 unter dem Titel »Die Gräber der Könige. Ein Handbuch derjenigen Objekte im Britischen Museum, die einen direkten Bezug zu Echnaton und Tutanchamun haben« erschien.

Nach meiner Kenntnis wird dieses Dokument hier erstmalig in die Berichterstattung über die Rollen in der Pharaonengruft eingebracht *(siehe Anhang 1).* Darin ist nachzulesen: »Erste Berichte, die die Entdeckung von Papyri betrafen, welche möglicherweise die sehnlichst erwarteten historischen Schilderungen enthalten, haben sich als voreilig erwiesen. Doch angesichts der enormen Vielzahl an noch zu untersuchendem Material und eingedenk der Tatsache, daß hier praktisch ein ungeplündertes Pharaonengrab vorgefunden wurde, besteht nach wie vor die Hoffnung, daß die versiegelten Behälter oder andere Objekte Dokumente enthalten können, die mehr Licht auf jene wunderbare Epoche der ägyptischen Geschichte werfen, die Zeuge war von Echnatons großartigem Experiment und dessen Scheitern.«

Seinem Naturell entsprechend hätte es Carter zweifelsohne diebische Freude bereitet, vorschnelle Ägyptologen wie Samuel Mercer zu widerlegen. Oder wollte er mit der Aussicht auf spätere Textfunde nur der allenthalben um sich greifenden Enttäuschung über den »Irrtum« begegnen? Dies sind nur zwei gängige Theorien, warum Carter und Carnarvon einerseits das Vorhandensein der Papyri nach dem Jahreswechsel 1922/1923 in Abrede stellten, vorher jedoch wochenlang deren Existenz in die Öffentlichkeit hinausposaunten. Letztlich gibt es keinerlei Indizien oder gar Beweise – für welchen Motivationsgrund auch immer.

Belegen läßt sich hingegen sehr wohl, daß das Duo sein Lügengeflecht hinsichtlich der Papyri sogar noch ausweitete. Urplötzlich nämlich ist bei Howard Carter und dem Earl of Carnarvon gar nicht mehr die Rede vom Kasten 101 als dem Aufbewahrungsort der Papyrustexte …

Intermezzo IX

Howard Carters Bestreben, bestimmte Sachverhalte zu vertuschen, war beinahe schon sprichwörtlich. Ein äußerst mysteriöses Beispiel hierfür findet sich in seinem Tagebuch. Unter dem Datum vom 30. Dezember 1926 hat Carter folgenden kurzen Vermerk eingetragen: »Konservierung und Aufzeichnung von Materialien und Gegenständen, die als Ganzes begraben entdeckt wurden.«

Ich kenne bisher keinen Experten, der sich auf diesen Text einen Reim hätte machen können. Ob das Rätsel jemals gelöst wird?

Kapitel 10

Das Rätsel um Box Nummer 43

Ein mysteriöser neuer Hinweis

Die Information kam überraschend und war höchst interessant: »Mir ist zwar die Ursprungsquelle nicht mehr geläufig«, bedauerte am Telefon mein Gewährsmann aus der Ägyptologen-Gilde und fuhr fort, »aber ich erinnere mich, daß sich die Papyrusrollen in Wahrheit an einer anderen Stelle in der Vorkammer befunden haben sollen, als von Howard Carter im ersten Band seines Vorberichts vermerkt ist.«

Ergo lagen die Papyri-Dokumente überhaupt nicht in Truhe 101! Mein Konfident, ein fachliches As und durchaus einer breiten Öffentlichkeit bekannt, hatte sich noch nie getäuscht. Dem Hinweis war also nachzugehen. Und es stellte sich heraus, daß der gute Mann neuerlich Recht hatte.

Leider ist es mir nicht gelungen, mit Sicherheit festzustellen, wer die Basisinformation verbreitet hat. Aber ich konnte zwei Ägyptologen ausfindig machen, die in ihren jeweiligen Büchern genau diesen Vorgang bestätigten. Demnach lagen die fraglichen Schriftrollen in dem Kästchen mit der Fundnummer 43 an der Westwand der Vorkammer, also unmittelbar neben der Tür zur Sargkammer. Glaubt man den in-situ-Fotos der Ausgrabung, stand die Schatulle aus »rotem Holz« fast völlig verdeckt von einer davor plazierten anderen Truhe auf der Bahre mit den Löwenköpfen. So hat es Carter in seinem Karteikasten-Katalog, der sich heute im Griffith Institute in England befindet, handschriftlich vermerkt. Von Papyri schreibt er dort freilich kein Wort.

Dennoch vertritt der englische Ägyptologe Nicholas Reeves die Ansicht, daß Carter in Wahrheit den Kasten 43 als denjenigen ansah, in dem sich die vermeintlichen antiken Texte befanden. Dieses Kästchen gibt Reeves jedenfalls in seinem Buch »The complete Tutankhamun« als Aufbewahrungsort für die Rollen an. Leider fehlt jeglicher Hinweis auf seine diesbezügliche Basisinformation. Mehrfache schriftliche Anfragen zu dieser Thematik ließ der Brite bedauerlicherweise ebenso unbeantwortet.

Vielleicht fußt Reeves ja auf den Ausführungen der »Grand Madame« der französischen Ägyptologie, Christiane Desroches-Noblecourt. In ihrem Buch »Tut-ench-Amun. Leben und Tod eines Pharao« von 1963 erwähnt sie die Papyri zwar nur peripher, dennoch sind ihre Ausführungen von höchstem Interesse, denn da steht: »Carter hat überall nach Papyri gesucht und einen Augenblick geglaubt, in einem einfachen Kasten (der die Nr. 43 der Vorkammer erhielt) das allerkostbarste Behältnis des ganzen Grabes gefunden zu haben: In seinem Innern schienen Schriftrollen zu liegen, die sich aber nur als Leinenbinden entpuppten.«

Christiane Desroches-Noblecourt scheint für Nicholas Reeves Vorbildfunktion gehabt zu haben. Wie diesem, so mangelt es auch ihren Ausführungen an jedweder erklärenden Zusatzinformation – sehr zu unserem Leidwesen. Tatsächlich ist auf das »Fundnummer-Rätsel« noch niemand eingegangen, die Problematik wurde stets ausgeklammert. Die Ägyptologie ist hier also in der Pflicht.

Der Text von Christiane Desroches-Noblecourt ist indes noch aus einem anderen Grund von besonderem Interesse: Ihre Behauptung, Carter habe »einen Augenblick« geglaubt, Papyri gefunden zu haben, steht in eklatantem Widerspruch zur geschilderten und dokumentierten Faktenlage. Ich möchte nicht über die Dauer eines Augenblicks philosophieren, aber in einem Punkt, so glaube ich, besteht Einigkeit: Ein Augenblick dauert nicht mehrere Wochen an. Es wäre allein deshalb schon von Wichtigkeit, Noblecourts Text bezüglich der Papyri zu verifizieren. Lagen am Ende gar in beiden Behältnissen – Kasten Nr. 43 und Truhe Nr. 102 – Schriftrollen?

Aber ein zweiter Papyrusfund – noch dazu in der Vorkammer? Wäre das überhaupt möglich? Glaubt man der halbamtlichen ägyptischen Zeitung »Al-Ahram«, ist die Antwort ein eindeutiges »Ja«. Entsprechende Informationen sind Professor Yunan Labib Rizk, Leiter des »Al-Ahram«-Studienzentrums für Geschichte, zu verdanken. Er stieß in den Archiven des Mediums auf einen entsprechenden Artikel. Inhaltlich berichtet darin der Verfasser über die offizielle Graböffnung am 29. November 1922. Bezüglich der Schriftrollen behauptet er schier Unglaubliches: »Da sind unzählige Kästen«, schreibt er, »in welchen vorsichtig gefaltete Dokumente liegen. Sie sind in einer Art und Weise angeordnet, die den Anschein erweckt, sie enthalten historische Aufzeichnungen und nicht nur religiöse Papyri.«

So interessant die Passage auch sein mag, einer genauen Überprüfung hält ihr Inhalt kaum stand.

- So war bei der offiziellen Graböffnung am 29. November 1922 nur ein Medienvertreter anwesend, nämlich Arthur Merton von der »Times«.
- »Unzählige« Kästen hat es in der Vorkammer bestimmt nicht gegeben. Dergleichen hat Howard Carter mit Sicherheit auch nicht behauptet.
- Aus der Sorgfalt oder der Art der Faltung würde selbst ein Archäologiestudent im ersten Semester niemals wagen, den thematischen Inhalt der betreffenden Rolle abzuleiten.

Wir gehen deshalb nicht zu weit, wenn wir den Wahrheitsgehalt des »Al-Ahram«-Artikels massiv anzweifeln. Meine Vermutung ist es, daß der Verfasser des Beitrags seine Abwesenheit bei der offiziellen Graböffnung verschleiern wollte. Dazu mag er sich späterer Befragungen von tatsächlichen Teilnehmern an der Öffnung bedient und zusätzlich einige Gerüchte verwertet haben, die sich in den ersten Tagen nach der Entdeckung von Tutanchamuns Felsengruft wie ein Lauffeuer in Theben verbreiteten.

»Al-Ahram« hatte daran großen Anteil. So »berichtete« Ägyptens wichtigste Tageszeitung bereits im März 1923, daß Carter und Carnarvon heimlich Vorkehrungen trafen, um die Mumie des unlängst entdeckten Pharaos außer Landes zu schaffen. Das war selbstverständlich purer Unsinn. Die Mumie lag noch völlig unberührt unter vier Schreinen in einem Sarkophag mit drei ineinander gestellten Särgen. Tutanchamuns sterbliche Überreste daraus hervorzuholen würde mindestens noch ein Jahr dauern, war allen Experten klar. Und Beiträge in dieser völlig aus der Luft gegriffenen, von jeder Sachkenntnis ungetrübten Manier gab es in der »Al-Ahram« jener Tage Dutzende.

Allerdings: »Al-Ahram« war nicht die einzige Zeitung, die Phantasievolles über die Papyri zu Papier brachte. So schreibt beispielsweise die »New York Times« am 23. Dezember 1922 von »sealed historical papyri«. Altägyptische Schriftrollen trugen keine Siegel. Und wären sie gesiegelt gewesen, woran hätte man dann vor ihrer Bearbeitung feststellen sollen, daß die Texte geschichtlichen Inhalts sind? Derartige »Quellen« sind wahrlich kein Beleg für die Existenz von Rollen im Grab.

Ich gehe deshalb weiterhin davon aus, daß lediglich ein Kasten mit Schriftrollen in der Vorkammer deponiert gewesen ist. Dennoch ist das rekonstruierte Lügengeflecht ein sicheres Zeichen dafür, daß Carter im Zusammenhang mit den Papyri irgendetwas vertuschen wollte. Ich verrate wohl kaum zuviel, wenn ich bereits zu diesem Zeitpunkt ankündige, daß Carter das Verwirrspiel in Bezug auf die Texte sogar noch weiter ausdehnte. Ein derartiges Gebaren legt man aber nur dann an den Tag, wenn man etwas Schwerwiegendes verbergen will.

Die interessierte Welt vergaß den Wirbel um die angeblichen Schriftstücke freilich alsbald. Es waren eben nicht nur die vielbeschriebenen »Golden Twenties«. Arbeitslosigkeit, Börsen-Crash und Inflation beherrschten den Alltag und somit die Gedanken und Gesprächsthemen. Jahrzehnt um Jahrzehnt verstrich, ohne daß man jemals wieder etwas von den Dokumenten vernommen hätte.

Wenn die Rollen aber tatsächlich existierten, mußte es – wo auch immer – weitere Zeugen oder Belege für ihre Existenz geben. Und entgegen anderslautenden Behauptungen gibt es sie auch.

Intermezzo X

Die interessierte Welt vergaß nach der ersten Enttäu-
schung über den Papyrus-»Irrtum« angesichts der Tag für
Tag im Tal der Könige ans Licht gebrachten Schätze aus
KV 62 rasch ihre Frustration. Und, man glaubt es kaum,
für einen Mann geriet das Rätsel um die Papyri in
Tutanchamuns Gruft sogar zur persönlichen Goldgrube.
Der Augenarzt Robin Cook veröffentlichte 1979 seinen
Roman »Sphinx« und landete damit einen Bestseller.
Hintergrund der Geschichte bildet eine in Tutanchamuns
Mausoleum aufgefundene Papyrusrolle, mit deren Hilfe
die junge Archäologin Erica Bacon den noch ungleich
größeren Grabschatz des Pharao Sethos I. entdeckt. Cook
zitiert ebenfalls aus Lord Carnarvons Brief an Sir Wallis
Budge.
Das Thema war derart von Interesse, daß sogar Hollywood
auf den Stoff aufmerksam wurde und ihn mit Lesley-Anne
Down und Maurice Ronet in den Hauptrollen verfilmte.

Kapitel 11

Tatort Sargkammer

Ein zweiter Schriftrollenfund?

Noch vor Howard Carter selbst fühlten sich einige Wissenschaftler bemüßigt, Bücher über Tutanchamun und die Entdeckung seiner Syringe zu publizieren. Zu ihnen gehört Jean Capart, Professor für Ägyptologie an der Universität Lüttich. Selbstverständlich nahm auch er sich der vieldiskutierten Papyrus-Thematik an.

»Die Truhe mit den Papyri«, schreibt Capart, »ist vielleicht das kostbarste Objekt des gesamten Grabes.« Dann prognostiziert er: »Möglicherweise wird sich eine der Rollen als ein mit Vignetten verziertes Totenbuch herausstellen.« Erst in einer Fußnote klärt Capart seine Leser über die veränderte Faktenlage auf: »Unglücklicherweise stellte sich das, was auf den ersten flüchtigen Blick für Papyri gehalten wurde, als nichts anderes als Leinen heraus. Wir hoffen aber weiterhin, Papyri in den zahlreichen Truhen, die gegenwärtig noch versiegelt sind, oder im Sarkophag zu finden.« Jean F. Capart konnte nicht ahnen, wie nahe er damit der Wahrheit kam.

Die Suche nach den Tutanchamun-Dokumenten erfuhr durch Caparts Hinweis jedenfalls einen »Ortswechsel«. Immerhin ergab sich aus seiner Anmerkung ein neuer Recherche-Ansatz. Schließlich war die Sargkammer mit ihren Schreinen und dem Sarkophag das »Allerheiligste« des gesamten Grabes. Hier auf Papyri geschriebene, religiöse Litaneien aufzufinden hätte sicherlich keinen Experten überrascht. Aber die Hoffnung, vielleicht einen Hinweis auf Papyri-Schriftstücke zu finden, zerstob jäh. Denn im zweiten Band seines Vorberichts, der sich mit der Freilegung der Mumie befaßt, schreibt Carter: »Bemerkenswert ist ferner, daß er (Tutanchamun, *Anm. d. Verf.*) weder einen richtigen Herzskarabäus auf dem Körper trug, noch daß irgendeine Spur von religiösen oder literarischen Urkunden in Form von Papyrusrollen vorhanden war.« Das war eindeutig. Andererseits stellt sich sofort die Frage, ob man Carter wenigstens diesmal Glauben schenken kann. Man kann es nicht.

In eklatantem Widerspruch zu seiner Behauptung führte er nämlich im selben Buch 149 Seiten später aus: »Das ›Totenbuch‹ lehrt uns außerdem, daß beim Auflegen der Amulette ›mit lauter Stimme‹ Zaubersprüche aufzusagen seien. Bei den Amuletten und Symbolen des Tut-ench-Amun fanden wir Reste eines kleinen Papyrus', auf dem in Hieroglyphen ein Ritual *(hier mutmaßlich: religiöse Handlung, Anm. d. Verf.)* stand. Es war zu morsch zum Konservieren, aber hier und da waren doch, wenn auch nur mühsam, Götternamen wie Isis und Osiris zu entziffern. Meiner Meinung nach gehörte der Text auf diesem leider unrettbaren Papyrus zu solchen Zaubersprüchen.«

Wie der Ägyptologie-Autodidakt Carter angesichts dieser Fundlage die Meinung vertreten kann, bei der Mumie sei keine »Spur« von einem Papyrus gefunden worden, ist absolut unverständlich. Gerade wenn man Carters Überlegungen nachvollzieht, ist doch nicht von der Hand zu weisen, daß bei der Mumifizierung des Pharaos Priester Zaubertexte von Papyri abgelesen haben, die man Tutanchamun auch mit ins Grab legte. Auf jeden Fall war die ganze Angelegenheit mysteriös genug, um ihr genauer auf den Grund zu gehen. Und wie stets, wenn man nach den Papyri zu »bohren« beginnt, stößt man auch in dieser Angelegenheit auf eine Vielzahl von Merkwürdigkeiten und Ungereimtheiten:

- Howard Carter stellt in Band II seines Ausgrabungsvorberichts die Behauptung auf, daß nicht »irgendeine Spur« von Papyrusrollen vorhanden war. In derselben Ausgabe, nur an später folgender Stelle, gesteht er hingegen ein, bei den Mumienbeigaben Tutanchamuns »Reste eines kleinen, mit religiösen Texten beschrifteten Papyrus« gefunden zu haben.
- Ohne die Erwähnung durch Carter im zweiten Band seiner Berichtstrilogie hätten wir von dem Papyrusfragment an der Mumie keinerlei Ahnung. Ursache dieses äußerst bedauerlichen Umstands: Carters Aufzeichnungen sind bar des geringsten Hinweises auf das Objekt.
- Das Papyrusteil blieb unkatalogisiert. Dieser Umstand ist besonders rätselhaft, weil bei Carter (fast!) jedes Antika – unabhängig von dessen Erhaltungsgrad – mit einer Objektnummer versehen wurde.
- Auf den in-situ-Fotos von der Freilegung der Mumie ist nicht erkennbar, wo der Papyrus bzw. dessen zerfallene Reste gelegen haben sollen.
- Es gibt keinerlei Hinweis auf eine philologische Notbearbeitung des Papyri – und das, obwohl die Texte darauf, wie Carter selbst bekundet hat, noch lesbar waren.

• Zweifellos am unverständlichsten ist jedoch das Fehlen jeglicher fotografischer Erfassung des Papyrus, solange er noch
nicht zerfallen war. Harry Burton, ein wahrhaftiges Genie in
Bezug auf die Bilddokumentation archäologischer Artefakte
und Tätigkeiten, hat nirgendwo etwas in seiner Hinterlassenschaft vermerkt, warum er hier nicht früh genug zum Fotografieren zur Stelle war. Nur eines ist sicher: Mit dem
Zerfallsprozeß des Fragments kann es nicht zusammenhängen,
denn man arbeitete nach dem sinnhaften archäologischen
Prinzip: »Erst fotografieren, dann studieren«. Das heißt: Erst
wurde die archäologische Situation auf Platte gebannt, danach
begann die Untersuchung einzelner Artefakte.

Und Burton war gerade in dieser Hinsicht pedantisch. Jedes Stadium
der Ausräumung des Grabinventars beobachtete er mit Argusaugen
und setzte bei Bedarf (und auch schon mal unaufgefordert) seine
hochmodernen Fotoapparate ein. Seine Arbeit erledigte Burton
derart perfekt, daß er noch heute in Fachkreisen Weltruf besitzt.

Aber konnte es wirklich sein, daß es womöglich doch zwei
verschiedene, voneinander räumlich getrennte Schriftrollenfundstät-
ten gab? Warum nicht? Man hatte noch nie zuvor ein intaktes
Pharaonengrab aufgetan. Wer konnte schon sagen, wie viele Rollen
damals »normalerweise« mit in die Herrschergruft gelegt wurden.
Überraschend jedenfalls wären mehrere Fundstellen für die Ägyptologen kaum gewesen. Man denke allein an die unterschiedlichen
Inhalte.

Es spricht also viel dafür, daß der Mumie, wie von Jean Capart
vermutet, einst ein Papyrus beigelegt war. Ein Indiz hierfür könnte
auch die ominöse Fundnummer 256ii sein. In Carters Aufzeichnungen über die Entdeckungen an Tutanchamuns Körper läßt sich
keinerlei Eintragung über den ihr zugewiesenen Gegenstand finden.
Wir haben also einen Hinweis auf ein zerfallenes Papyrusfragment
und eine Fundnummer ohne entsprechendes Objekt. Sollte das
wirklich nur ein Zufall sein?

Die Indizien verdichten sich damit jedenfalls mehr und mehr, daß
zumindest eine Schriftrolle in der Sargkammer vorhanden gewesen
ist. Aber wenn dem wirklich so war, mußte es Mitwisser und Zeugen
dafür geben. Zumindest einen gab es. Er hat sogar schriftlich
bestätigt, daß Tutanchamun eine Papyrusrolle beigelegt war. Und: Er
war Professor für Ägyptologie. In Deutschland.

Intermezzo XI

Tutanchamun war nicht der einzige Herrscher auf der Fahndungsliste seines Entdeckers. Nach der Bergung des Kindkönigs sah Carters weitere Lebensplanung vor, das Grab des heldengleichen makedonischen Weltreich-Eroberers Alexander zu suchen, dem die Historiker den Beinamen »der Große« verliehen haben.

Das war einer der Hauptgründe, warum Howard Carter stets nur oberflächlich über seine Vorgehensweise bei Ausgrabungen sprach. Dazu hat ein Kustos des Metropolitan Museums, Charles Wilkinson, vermerkt: »Carter wollte nie, daß seine Arbeitsweise bekannt wurde, weil er immer plante ... das legendäre Grab Alexander des Großen zu finden.«

1936, vierzehn Jahre nach »the biggest discovery« im Tal der Könige, sagte Carter anläßlich einer Privatführung von Ägyptens Monarchem Faruk durch das Grab, er habe die Alexander-Syringe zwischenzeitlich gefunden, werde die genaue Lage aber keinesfalls preisgeben. »Das Geheimnis wird mit mir sterben«, kündigte er an.

 **Kapitel 12**

Die Spur führt nach Leipzig

Deutscher Ägyptologe bestätigt Papyrusfund

Es gibt eine Person, die im Zuge der Recherchen immer wieder auftauchte, ohne daß sie offiziell jemals etwas mit der Geschichte der Tutanchamun-Ausgrabung zu tun hatte. Es handelt sich um Georg Steindorff, Inhaber des Lehrstuhls für Ägyptologie an der Universität Leipzig.

Professor Steindorff, 1861 in Dessau geboren, war zweifelsfrei eine Koryphäe. Die ehemalige Leipziger Institutsleiterin, Elke Blumenthal, sieht in ihm einen der »führenden Koptologen seiner Zeit«. Als Kopten bezeichnet man die christlichen Ägypter und ihre Sprache. Aber damit nicht genug. Steindorff war in Sachen Ägyptologie der PR-Mann schlechthin. Durch die »große Zahl seiner Publikationen«, so Blumenthal, erwarb er sich »internationalen Ruf«.

In ihrer Arbeit »Altes Ägypten in Leipzig« berichtet sie auf sechzehn Seiten über das Wirken des Professors. Leider findet sich darunter kein Wort über Steindorffs Beziehung zur Tutanchamun-Ausgrabung. Das ist äußerst schade, denn so uninteressant wie es scheint, kann diese Thematik nicht sein. Immerhin hat Steindorff unter anderem

- 1933 eine Monographie zum nicht existenten »Fluch des Pharaos« verfaßt.
- 1938 in den »Annales du Service des Antiquités de l'Égypte« eine Arbeit über »Die Grabkammer des Tutanchamun« veröffentlicht.
- sowohl 1924 zum ersten Band als auch 1927 zum zweiten Band der deutschsprachigen Ausgabe von Howard Carters »Tutanchamun-Trilogie« Kapitel beigetragen.

In Carters Schlußband steht auf Seite 47 zudem eine Fußnote, in der die Leser noch auf weiterführende deutschsprachige Literatur verwiesen werden. An letzter Stelle der Auflistung ist Georg Steindorffs Buch »Die Blütezeit des Pharaonenreiches« genannt.

Das Wort »Sensation« wird heute zwar geradezu inflationär gebraucht. Was Georg Steindorff hier auf Seite 208 schreibt, ist aber in der Ausgrabungshistorie Tutanchamuns tatsächlich eine Sensation. »Außerdem«, behauptet Steindorff nämlich, »ist der Mumie (gemeint ist Tutanchamun, *Anm. d. Verf.*) ein Totenbuch beigegeben …« Damit ist nach meiner Kenntnis der Leipziger Professor der erste Ägyptologe, der behauptet, man habe bei der königlichen Mumie sehr wohl eine Schriftrolle vorgefunden.

Steindorff stellte diese Behauptung nicht etwa in den ersten Tagen nach der Graböffnung auf. Seine Information publizierte er vielmehr in der zweiten Auflage des Buches – im Jahr 1926.

Man muß sich das klar vor Augen halten: 1926, das war fast ein halbes Jahrzehnt nach der Graböffnung! Zu diesem Zeitpunkt pfiffen längst sämtliche Spatzen von den Dächern, daß die Pharaonengruft keinerlei Papyrusrollen enthielt. Es ist schlichtweg ausgeschlossen, daß Steindorff davon keine Kenntnis hatte.

Einer unbestätigten Information zufolge soll Georg Steindorff auch der Übersetzer der beiden ersten Grabungsbände von Howard Carter in die deutsche Sprache gewesen sein. Falls dies zutrifft, hätte der Professor allein schon diesen Quellen entnehmen können, daß die Gruft bar jeder Schriftrollen geblieben war. Wenn der Leipziger Professor dennoch von einem Papyrusfund berichtet, dann nur, weil er über anderslautende Informationen verfügt haben muß. Leider sind etwaige diesbezügliche Verlagsunterlagen im Zweiten Weltkrieg zerstört worden.

Doch das ist noch nicht alles, was der Ägyptologe über den Papyrus mitteilt. Er führt den Satz vielmehr fort und spezifiziert die Schriftrolle auch noch. Vollständig lautet Professor Steindorffs Ausführung: »Außerdem ist der Mumie ein Totenbuch beigegeben, eine über 30 m lange Papyrusrolle, die mit farbigen Bildern von größter Feinheit der Zeichnung geschmückt ist.«

Damit macht Steindorff in einem Satz nicht weniger als fünf Angaben über den Papyrus: Er
- beschreibt den Inhalt (Totenbuch/religiöser Text).
- gibt die Länge an (über dreißig Meter).
- nennt den Fundort (bei der Mumie/Sargkammer).
- beschreibt das Aussehen (farbige Bilder).
- nennt die Art des Dokuments (Papyrusrolle).

Unabhängig davon, woher der Leipziger Professor seine Angaben erhalten hat, ist dieser Satz die detaillierteste (bekannte) ägyptologische Beschreibung einer Schriftrolle aus Tutanchamuns Grab – und somit eines Fundobjektes, das es nach allgemeinem ägyptologischen Konsens nicht gibt *(siehe Anhang 2)*.

Um die Zuverlässigkeit von Georg Steindorffs Angaben einer Prüfung zu unterziehen, habe ich sämtliche Gegenstände in der Aufzählung des Professors mit den uns bekannten Objekten aus dem Tut-Grab verglichen. Das Ergebnis: Bei einem Fundstück stimmt die begleitende Beschreibung nicht. Es handelt sich dabei um einen unter Experten recht bekannten Dolch, der sich ebenfalls bei der Mumie befand. Der Dolch selbst hat eine Klinge aus Meteorit-Eisen, und sein Knauf besteht aus Bergkristall.

Steindorffs Beschreibung liest sich hingegen so: »... zwei Prunkdolche – der eine aus reinem Gold gearbeitet, mit einem Griff aus Bergkristall – sollten dem Könige auch im Jenseits als Waffe dienen.« Hier hat Steindorff also die Klingen verwechselt. Wir sehen: Es handelt sich um eine Ungenauigkeit, nicht aber um eine vollständige Fehlinformation – beide Dolche sind existent. Steindorff ist also eine ziemlich gewissenhafte Quelle.

Und wie geht die betreffende Fachdisziplin mit Georg Steindorffs Aussage um? Ja, richtig, das ist wieder ein ganz anderes Kapitel.

Intermezzo XII

Im vorherigen und nächsten Kapitel taucht häufig der Begriff »Totenbuch« auf. Doch was ist überhaupt ein Totenbuch? Nicht selten wurde das Totenbuch in der Vergangenheit als eine Art »Bibel der alten Ägypter« bezeichnet. Der Vergleich hinkt nicht nur, er ist falsch. Als Tutanchamun lebte, in der Zeit des Neuen Reiches (ca. 1570 – 1070 v. Chr.) der altägyptischen Geschichte, gehörte ein Totenbuch zur Standard-Grabausstattung der begüterten Oberschicht. Zumeist handelt es sich dabei um Schriftrollen aus Papyrus (aber auch aus Leder) in verschiedenster Größe. Auf diesen Rollen ist eine »Sammlung von Anrufungen« in Form von überwiegend »magischen Texten« und Beschwörungsformeln aufgelistet. Sie sollten dem Verstorbenen helfen, die Gefahren auf seiner Reise ins Jenseits zu meistern. Die Totenbücher waren somit religiöse Papyri, keine historischen Schriftstücke.
In den Gräbern waren die Totenbücher an unterschiedlichen Örtlichkeiten zu finden. Archäologen entdeckten die Papyri beispielsweise in verzierten Schreinen. Hauptsächlich jedoch wurden sie in den Särgen und Sarkophagen der Toten hinterlegt. Häufig sind diese Totenbücher mit Vignetten, feinen Zeichnungen, verziert.

Kapitel 13

Die »Papyrus-Omertà«

Leipziger Ignoranz statt Aufklärung

Man mag zu Georg Steindorffs Angaben bezüglich des Totenbuchs in der Sargkammer Tutanchamuns stehen, wie man will: Der Satz existiert und stammt von einem renommierten Ägyptologen. Damit ist diese Angabe zweifelsohne eine ägyptologische Angelegenheit. Also möchte man meinen, daß sich diese Fachwissenschaft auch damit befaßt hat. Sie hat es aber nicht.

Es ist unglaublich, denn sowohl in der Fachliteratur als auch in populärwissenschaftlichen Publikationen fand ich nicht den geringsten Hinweis auf eine Wertung der Steindorff-Ausführungen. Mehr noch: Wer auch immer über die Tutanchamun-Ausgrabung berichtete, ob freier Autor oder Wissenschaftler, in keinem einzigen Fall hat er die Steindorff-Behauptungen auch nur erwähnt. Die Ägyptologie ignoriert diese Textpassage, die aus ihren eigenen Reihen stammt, vollständig. Man muß sich das einmal klar vor Augen halten: Seit 1926, also seit achtzig Jahren, liegt diese Angabe nun in Druck vor – und niemand der Herren Professoren (oder auch Studenten) hat sie jemals kommentiert oder bewertet.

Der Hintergrund für dieses blamable Gebaren ist klar. Steindorffs Satz steht diametral zur herrschenden Lehrmeinung. Und weil nicht sein kann, was nicht sein darf, ignoriert eine komplette Fachdisziplin diese interessante Angabe einer ihrer Koryphäen.

Wir werden sehen, daß die Unterschlagung des Textes sogar so weit geht, daß sie nicht einmal in einer ägyptologischen Facharbeit über Tutanchamuns Papyri Erwähnung findet. Lassen wir die moralische Komponente völlig außer acht: Dieses Verhalten spricht Bände über die wissenschaftliche Qualität. Das belegt nur die unzulängliche Quellenauswertung – obwohl ich mir beim besten Willen nicht vorstellen kann, daß noch nie ein Vertreter der zahlreichen Tutanchamun- und Carter-Chronisten Steindorffs Buch zur Hand genommen hat.

Zumindest Professor Elke Blumenthal, ehemalige Leiterin des Fachbereichs Ägyptologie an der Universität Leipzig, kennt diese Passage – und zwar spätestens seit Oktober 1988, als ich sie brieflich auf die Angabe Steindorffs hinwies und um Klärung bat. Ihre Antwort: »Ich weiß nichts von einer eingehenden Beschäftigung Steindorffs mit dem Grabschatz des Tutanchamun.« Und sie ergänzte: »An der Bergung des Inventars war er mit Sicherheit nicht beteiligt.«

Nur am Rande sei angemerkt, daß die Antwort von Frau Professor Blumenthal wirklich prompt erfolgte. Nachdem ich mein Schreiben auf den beschwerlichen »innerdeutschen Weg« gebracht hatte, verfaßte sie ihre Antwort bereits am 7. November 1988. Bei mir hingegen traf das ausführliche Schreiben, das noch dazu erheblicher Vorarbeit bedurfte, erst zur Adventszeit ein. Sollte sich etwa auch das damalige Ministerium für Staatssicherheit für Georg Steindorff oder Tutanchamun interessiert haben?

Wenige Jahre später, kurz nach dem Fall der Mauer, wurde ich jedenfalls persönlich bei Professor Blumenthal vorstellig. Ich fragte, ob sie etwas über den Totenbuch-Papyrus wisse. Ihre Antwort war salomonisch und sibyllinisch zugleich: »Also, bei uns ist er nicht. Mehr kann ich Ihnen dazu nicht sagen.« Ich habe keinen Grund, ihre Entgegnung in Zweifel zu ziehen.

Deshalb versuchte ich weitere Angaben von Steindorff über das Totenbuch Tutanchamuns zu ermitteln. Trotz der Unterstützung einer überaus freundlichen wie hilfsbereiten Ägyptologin war das leider unmöglich. Zwei Problemfelder waren dabei ausschlaggebend: Zum einen ist praktisch die gesamte wissenschaftliche Korrespondenz des Leipziger Ägyptologischen Instituts im Verlauf des Zweiten Weltkriegs zerstört worden. Zum anderen war Georg Steindorff Jude und deshalb gezwungen, während der Nazi-Herrschaft zu emigrieren. In die Vereinigten Staaten, die ihm 1944 sogar die Staatsbürgerschaft verliehen, nahm er seinen gesamten persönlichen Materialbestand mit. Die Folge ist, daß sich weder in Leipzig noch an anderen deutschen Wirkungsstätten des Professors nennenswerte Archivbestände auffinden lassen.

Unklar ist ebenfalls, ob Georg Steindorff in irgendeiner Weise mit Howard Carter persönlich in Kontakt gestanden ist. Laut Elke Blumenthal war ihr Amtsvorgänger »... oft in Ägypten gewesen, aber wir sind nicht über jede einzelne Reise unterrichtet«.

Ebenso stießen meine Anfragen bei den Verlagen F. A. Brockhaus als deutschsprachigem Herausgeber von Carters Ausgrabungs-Trilogie, und Velhagen und Klasing, der Steindorffs »Blütezeit des Pharaonenreiches« auflegte, ins Leere. Die Brockhaus GmbH teilte mir mit, daß sie mir »die gewünschten Unterlagen nicht zur Verfügung stellen« kann, da ihr »Archiv infolge Kriegseinwirkungen 1943 völlig zerstört« wurde. Und Velhagen und Klasing existiert gar nicht mehr.

Somit ist klar, daß weiterführende Recherchen in den USA ansetzen müssen. Dabei gilt es, vorrangig Antworten auf folgende Fragen zu erhalten:

- Woher hat Georg Steindorff die Informationen über den Totenbuch-Papyrus in der Sargkammer erhalten?
- Wo befindet sich die Schriftrolle heute?
- Warum unterliegt sie noch immer der Geheimhaltung bzw. weshalb wird sie weiterhin unter Verschluß gehalten?

In Deutschland dafür zuständig ist wohl fraglos das Leipziger Ägyptologische Institut, denn dieses Haus ist schließlich die Quelle dieser ebenso einmaligen wie spannenden Information – und das sowohl institutionell wie personell. Geht es an, daß man, nur weil es unbequem und zeitaufwendig ist, dieses Rätsel seit Jahrzehnten konsequent ignoriert? Man erwartet ja als Außenstehender gar nicht, daß am Ende der großartige Enthüllungsreport über Tutanchamuns Totenbuch dabei herauskommt. Aber eine Expertise darf man wohl verlangen.

Von Universitäten wird gerne (und vollkommen zu Recht) auf den »Grundsatz von Freiheit und Lehre« verwiesen. Gleichzeitig – das wird gelegentlich übersehen – haben die institutionellen bzw. öffentlichen Bildungseinrichtungen auch die Pflicht zur Information gegenüber der Öffentlichkeit – aber nicht häppchenweise und nach eigenem Gusto, sondern umfassend und vollständig. Und wer würde bestreiten, daß die Öffentlichkeit unter den archäologischen Themen an der Tutanchamun-Ausgrabung ein weit überproportionales Interesse an den Tag legt? Es wäre also nur recht und billig, wenn eine mit öffentlichen Mitteln geförderte Einrichtung sich auch um Aufklärung der von einem ihrer führenden Mitglieder verbreiteten Information bemüht – zumal diese Information der herrschenden Lehrmeinung entgegensteht.

Unsere Suche nach den verschollenen Papyri steckt nun in einer Sackgasse. Doch wir haben bereits zu viele Hinweise auf die Schriftrollen, als daß wir unsere Recherchen abbrechen sollten.

Versuchen wir es mit kriminalistischer Ermittlungsmethode und stellen die Frage der Fragen aller Kriminalromane: Welches Motiv könnte Carter für die Unterschlagung der Schriftrollen gehabt haben?

Intermezzo XIII

Außer den verschwundenen Papyrusrollen, heißt es in verschiedenen Quellen, soll sich im Grab Tutanchamuns noch ein weiteres Schriftstück befunden haben. Das sogenannte Ostrakon, ein kleines Tontäfelchen, wurde angeblich von Howard Carter ebenfalls in der Vorkammer, auf dem Boden, entdeckt. Der Text ist schaurig: »Der Tod wird den mit seinen Schwingen erschlagen, der die Ruhe des Pharao stört.« Dieses Ostrakon ist die »Grundlage« für den berühmten »Fluch der Pharaonen«.
Doch so wenig wie der todbringende Fluch jemals existierte, hat es auch dieses unheimliche Täfelchen wohl nie gegeben. Jedenfalls bestehen im Vergleich mit den Schriftrollen gravierende Unterschiede. Nur beispielhaft hierfür sei erwähnt, daß nirgendwo die »Urquelle« der makabren Story genannt wird. Hinzu kommt: Der oder die vermeintlichen Informanten über die Auffindung bleiben in sämtlichen (!) Fällen anonym. Kolportiert wird lediglich, daß Alan Gardiner die Übersetzungsarbeit an dem Tafeltext geleistet haben soll – eine Behauptung, die er zu keinem Zeitpunkt bestätigt hat.

Kapitel 14

In dubio pro reo

Carter ist am Ende

Ich erhebe in diesem Buch massive Vorwürfe gegen Howard Carter. Howard Carter ist tot. Er verstarb 1939 und kann folglich selbst keine Stellungnahme mehr zu den verschwundenen Papyri abgeben.

Es ist deshalb an der Zeit, nach den möglichen Motiven zu forschen, die den Ausgräber dazu veranlaßt haben könnten, die wertvollen Dokumente zu unterschlagen. Zugleich ist es aber selbstverständliche Pflicht, nach Carter entlastenden Argumenten zu suchen.

Gegen eine Unterschlagung spricht in erster Linie das Naturell des Engländers. Es ist überhaupt nicht in seinem Wesen gelegen, eine derart bedeutsame Entdeckung zu unterschlagen. Carter hatte vielmehr eine regelrechte Profilneurose. Sie rührte daher, daß ihm sein Leben lang die akademische Anerkennung der Ägyptologen-Kaste verwehrt blieb. Darum nahm er jede sich bietende Gelegenheit wahr, sein fachliches Ansehen noch zu steigern.

Umgekehrt wußte der Entdecker natürlich sehr genau, daß die peinliche fachliche Verwechslung der Rollen mit Leinenbündeln seinem Ruf als Experten doch einigen Schaden zufügte und intern unweigerlich zu beißenden, zynisch-witzelnden Äußerungen über seine Fachkompetenz geradezu einlud. Aus diesem Blickwinkel heraus betrachtet, lag Carter mit Sicherheit nichts ferner im Sinn, als Tutanchamuns Schriftrollen vor der Fachwelt und der Öffentlichkeit zu verbergen. Noch dazu eingedenk der Tatsache, daß Texte geschichtlichen Inhalts die wissenschaftliche Bedeutung der Entdeckung nochmals wesentlich gesteigert hätten. Es ist also äußerst unwahrscheinlich, daß Carter (und zu Lebzeiten auch Lord Carnarvon) ohne *massives* Motiv auch nur im Traum daran gedacht hätten, die Papyri zu unterschlagen.

Ein Beweggrund, die Existenz der Schriftrollen in Abrede zu stellen, könnte theoretisch in deren unbeabsichtigter Zerstörung liegen. Öffentlich einzugestehen, daß man, wie Jean Capart meinte, das »kostbarste Objekt« des gesamten Grabes verloren hatte, entsprach allerdings aus den obengenannten Gründen auch nicht gerade

Carters Charakter. Dabei wäre das so unwahrscheinlich nicht einmal gewesen. Der Luftaustausch im Grab und die gestiegene Temperatur, hervorgerufen durch die starken Lampen, könnten den Zersetzungsprozeß beschleunigt haben. Aber das könnte lediglich für die Papyri in der Vorkammer gelten.

Um so freudiger hätte Carter dann aber das von Georg Steindorff erwähnte Totenbuch aus der Sargkammer präsentiert. Zumindest erweckt Steindorff jedenfalls den Eindruck, als wäre diese Rolle – entgegen Carters Version – in ausgezeichnetem Zustand gewesen. Tatsache aber ist, daß eine derartige Präsentation nie stattfand. Die Zerstörungstheorie ist deshalb nicht stichhaltig. Schon gar nicht dann, wenn man bedenkt, daß Carter ja auch hätte behaupten können, er habe die Schriftrollen schon in schlechtem Zustand vorgefunden. Die Kritik wäre in diesem Fall zweifelsohne moderat ausgefallen, falls sie überhaupt geübt worden wäre.

Ein häufiges Motiv für Diebstähle und Unterschlagungen ist in finanziellen Ursachen zu suchen. Eine nähere Betrachtung zeigt allerdings, daß es auch um dieses Argument schlecht bestellt ist. Carter und Carnarvon hätten, ebenfalls aus den eingangs dieses Kapitels dargelegten Gründen, bestimmt keinen Papyrus ob des schnöden Mammons wegen illegal dem Grab entnommen. Da gab es bedeutend leichtere, handlichere und stabilere Objekte, deren Herkunft noch dazu im Dunkel geblieben wäre. Das Totenbuch freilich hätte mit Sicherheit den Namen des Pharao, von einer Kartusche umrahmt, enthalten und wäre dadurch spielend zuzuordnen gewesen. Zur Entwendung und gegebenenfalls zur Veräußerung waren ergo gerade die Schriftrollen vollkommen ungeeignet.

In diesem Stil ließen sich noch etliche Motive unterstellen, die aber aus meiner Sicht alle einer eingehenden Analyse nicht standhalten – bis auf eines: der Inhalt der Schriftrollen. Sollte das Duo zu dem Schluß gekommen sein, die Veröffentlichung der Texte könnte dazu führen, daß sie ihre Konzession verlieren würden und das Grab nicht mehr betreten dürften, wäre das wohl nach Lage der Dinge für beide ein Motiv gewesen, den Fund der Rollen vehement zu dementieren – besonders dann, wenn man Carters psychische Konstitution berücksichtigt.

Seit der offiziellen Grabentdeckung war insbesondere Howard Carter nicht mehr zur Ruhe gekommen. Der Disput mit den ägyptischen Behörden spitzte sich mehr und mehr zu. Besonders hart trafen ihn drei Entscheidungen und Schicksalsschläge: der Tod des

Earl of Carnarvon im Frühjahr 1923, die im gleichen Jahr erfolgte Annullierung der Konzession durch die ägyptischen Dienststellen und schließlich die Anordnung, sämtliche Schlüssel für den vergitterten Eingang zu Tutanchamuns Grab auszuhändigen. Damit war es Howard Carter – amtlich bestellt – verwehrt, das Grab, »sein« Grab, auch nur zu betreten. Der erfolgreiche, angesehene und durchaus beliebte Mann war in Ägypten zu einer »persona non grata« geworden. Angesichts dieser Faktenlage (erinnert sei in diesem Zusammenhang nur an die »Weinkisten-Affäre«) nimmt es kaum Wunder, daß Howard Carter gut ein Jahr nach Tutanchamuns Auffindung psychisch wie physisch ein erschöpfter Mann war, der durch erhebliches Eigenverschulden diese Situation selbst mit heraufbeschworen hatte.

Es muß circa im März 1924 gewesen sein, als Carter einen letzten verzweifelten, aber untauglichen Versuch unternahm, mehr Unterstützung bei seiner Auseinandersetzung mit den Ägyptern zu erhalten. Zu diesem Zweck suchte er, innerlich erregt und angespannt, den britischen Vizekonsul auf und schilderte ihm eindringlich die Situation. Carter nahm dabei kein Blatt vor den Mund und beschwerte sich bitterlich über die mangelnde Unterstützung seitens der britischen Regierung und ihrer Behörden als Kolonialherren Ägyptens.

Insbesondere protestierte er gegen die mangelnde Unterstützung in der Auseinandersetzung um die Neuregelung der Fundaufteilung. Damit traf Howard Carter einen politischen Nerv der Briten, denn schon damals waren die politischen Beziehungen zwischen England und Ägypten äußerst angespannt. Dies lag sowohl am immer stärker werdenden ägyptischen Nationalismus als auch an der Beunruhigung des Nilstaates über den Plan, im angrenzenden Palästina einen jüdischen Staat zu errichten.

Der Vizekonsul fürchtete zusätzliche Querelen mit den Ägyptern – noch dazu bei einem so populären Thema wie Tutanchamun – und lehnte deshalb Howard Carters Ansinnen nach Einmischung kategorisch ab. Der britische Abgesandte wollte im Gegenteil alles vermeiden, was noch zusätzliches Öl ins Feuer gegossen hätte. Daraufhin legte Carter jeglichen Anstand ab und versuchte, sein Gegenüber zu erpressen. Der Vizekonsul seinerseits verlor daraufhin die Contenance und schleuderte Carter erzürnt ein Tintenfaß von seinem Schreibtisch entgegen, dem Carter nur um »Haaresbreite« entging. Die Unterredung war danach relativ rasch beendet, wie man sich unschwer vorstellen kann.

Für Carter war damit klar, daß er in der Auseinandersetzung mit dem ägyptischen Amtsschimmel den Kürzeren gezogen hatte. Am 21. März 1924 verließ er deshalb frustriert das Land und reiste nach Nordamerika. Dort hatte die Veranstaltungsagentur Lee Keedick eine Vortragsreise für ihn organisiert. Und mit Lee Keedick betritt eine neue Schlüsselfigur die Bühne. Eine Schlüsselfigur, die mindestens so bedeutsam ist für die Suche nach den Papyri Tutanchamuns wie Georg Steindorff. Denn Keedick bringt die Erklärung dafür, warum Carter gemäß unserer Vermutung tatsächlich inhaltliche Gründe bewogen, seinen Papyrusfund zu unterschlagen.

Intermezzo XIV

Es ist fast unmöglich, Howard Carters Verhalten und Aktivitäten während der Grabungssaison 1923/24 einer objektiven Kritik zu unterziehen. Der Grund: Ausgerechnet aus diesem Zeitraum sind wichtige Seiten aus seinem Tagebuch spurlos verschwunden.
Ob darin auch die vermeintlichen Schriftrollen angesprochen werden, wissen wir nicht. Aber ob so oder so: Es wäre von enormer Bedeutung, die fehlenden Seiten wieder der öffentlichen Forschung zuzuführen – sofern sie noch nicht zerstört wurden ...

Kapitel 15

Die Keedick-Papiere

Erpressung mit Schriftrollen

Lee Keedick wurde 1879 im US-Bundesstaat Iowa geboren. 1906 übersiedelte er nach New York und gründete dort seine Veranstaltungsagentur. Er war, um nur drei Beispiele aufzulisten, Manager der Vortragsreisen so bekannter Persönlichkeiten wie Roald Amundsen, dem ersten Menschen, der den Südpol erreichte, und Sir Arthur Conan Doyle, der durch seine Sherlock-Holmes-Romane Weltruhm erlangte – und eben von Howard Carter.

Als Lee Keedick 1959 verstarb, hinterließ er seinem Sohn Robert Keedick neben der Agentur auch seine privaten Erinnerungen und Aufzeichnungen über seine eigenen Erlebnisse mit diesen Berühmtheiten. Es ist das Verdienst von Thomas Hoving, der mutmaßlich als erster in seinem Enthüllungsbuch »Der goldene Pharao Tut-ench-Amun« aus Lee Keedicks Papieren zitierte, daß wir von dieser Quelle überhaupt erfahren haben.

Aus diesen Memoiren stammt auch die anschauliche Schilderung des unglücklichen Verlaufs von Howard Carters Protest beim britischen Vizekonsul im vorangegangenen Kapitel. Der Leser mag sich gefragt haben, womit Howard Carter wohl versucht hat, den Vizekonsul unter Druck zu setzen. Die Antwort ist ebenso brisant wie überraschend: mit Papyri aus dem Grab Tutanchamuns!

So steht es schwarz auf weiß in den Keedick-Papieren *(siehe Anhang 3)*. Wörtlich tippte Lee in seine alte Schreibmaschine: »Ein hartes Wort gab das andere, bis Carter sämtliche Zurückhaltung aufgab und unverhohlen drohte, falls ihm nicht vollständige Genugtuung zuteil werde, sehe er sich gezwungen, der Weltpresse einen Bericht über im Tutanchamun-Grab gefundene, bisher unveröffentlichte Papyri zu übergeben – Dokumente, die die wahre und skandalöse Beschreibung des Exodus der Juden aus Ägypten zum Inhalt hätten.«

Eine alte Journalistenregel lautet: »Zur Information gehört die Verifikation.« Was Thomas Hoving da zitierte, war schlichtweg unglaublich und unmöglich zugleich. Ich begnügte mich deshalb nicht mit den Ausführungen des einstigen Metropolitan-Direktors, sondern wandte mich an den Besitzer der Aufzeichnungen, Lee Keedicks Sohn Robert. Der war 1985 ebenfalls in den Ruhestand getreten und genoß seither sein Rentnerdasein in Naples im sonnigen US-Bundesstaat Florida. Bei einem Telefonat sagte Robert zu, mir sämtliche Schriftrollenpassagen in den Aufzeichnungen seines Vaters zuzusenden. Robert Keedick hielt Wort. Schon bald bekam ich ein Kuvert mit mehreren Seiten nebst einem freundlichen Begleitbrief. Darin bestätigte Robert Keedick, die beigefügten Blätter seien Originalkopien der entsprechenden Papyri-Textpassagen in den Papieren seines Vaters *(siehe Anhang 4)*.

Ein Abgleich zeigte alsbald, daß Hoving den Keedick-Text korrekt wiedergegeben hatte. Allerdings war seine Schlußfolgerung etwas merkwürdig. In seinem Buch kommentierte er Lee Keedicks Papyrusbericht nämlich folgendermaßen: »Selbstverständlich hatte Carter keine Papyri oder antike Dokumente welcher Art auch immer im Grab gefunden, geschweige denn solche politischer Natur. Seine bizarre Drohung erklärt sich einzig aus dem Wunsch des über alle Maßen Verärgerten und Verstörten, sich für die erlittene Schmach am britischen Vizekonsul zu rächen.«

Hovings Meinung ist verständlich und merkwürdig zugleich. Verständlich deshalb, weil wohl niemand auch nur im Traum daran denken würde, ausgerechnet im Grabe Tutanchamuns Urkunden über den biblischen Auszug der Juden aus Ägypten aufzufinden. Merkwürdig allerdings, weil er seine Auffassung mit keinem einzigen Beweis, ja nicht einmal mit einem Indiz unterfüttert. Es ist eine vollkommen spekulative Aussage, die jegliche Quelle für diese Annahme schuldig bleibt.

So einfach wollen wir es uns nicht machen. Gehen wir also der historischen Frage nach: Könnte der Exodus während oder kurz vor der Regierungszeit Tutanchamuns überhaupt stattgefunden haben? Dazu muß freilich im ersten Teil zunächst die Frage beantwortet werden: »Wer war Tutanchamun?«. Eine spannende Frage, der wir im nächsten Kapitel nachgehen.

Intermezzo XV

Selbstredend sind Howard Carter als Ausgräber und Lord Carnarvon in seiner Eigenschaft als Mäzen und Konzessionsinhaber die »offiziellen« Entdecker des Grabes von Tutanchamun. Aber es liegt auch in der Natur der Sache, daß keiner von beiden persönlich fündig wurde.

Die erste Stufe zum Mausoleum fand ein Mitglied der einheimischen Grabungsmannschaft. Das betont Carter sogar in seinem Grabungsvorbericht. Dort memoriert er: »Kaum war ich am nächsten Morgen (4. November) an der Arbeitsstätte angelangt, als eine ungewöhnliche Ruhe, die durch den Stillstand der Arbeit verursacht wurde, mir zum Bewußtsein brachte, daß sich etwas Außergewöhnliches ereignet haben mußte. Man begrüßte mich mit der Nachricht, daß unter der ersten Hütte, die man in Angriff hatte, eine in den Felsen gehauene Stufe gefunden worden war.«

In den Erinnerungen von Lee Keedick ist die Entdeckung ebenfalls nach Carters Erzählung nachskizziert – allerdings in einer doch etwas abweichenden Version. Danach war ein Kind, einer der Wasserträger für die Grabungsmannschaft, der tatsächliche Finder. »Wie ein Kind«, schreibt Lee Keedick, »den Erwachsenen nacheifert, so stocherte der Wasserträger in jeder freien Minute im Sand herum. Plötzlich stieß er auf etwas Hartes. Der Junge grub fieberhaft weiter und legte eine Steinstufe frei. Schnell bedeckte er die Stufe wieder mit Sand, … rannte so schnell ihn die Füße tragen konnten zu Howard Carter und erzählte ihm atemlos von seiner Entdeckung.«

Aber weder in Carters Bericht noch bei Keedick wird der Name des Glückspilzes genannt. Es gibt allerdings Hinweise, daß er Angehöriger des Rassul-Clans ist.

Zwischen Revolution und Invasion

Wer war Tutanchamun?

Als Tutanchamun um 1343 v. Chr. das Licht der Welt erblickte, war seine Welt heil. Die Kindheitsphase verbrachte er unbeschwert in Achet-Aton (»Der Horizont des Aton«), dem schönsten und modernsten Palastbezirk, den die Ägypter je errichtet hatten. Der Herrschersitz war erst wenige Jahre alt – wie alles in Kemets neuem politischen wie religiösen Machtzentrum Achet-Aton. Die Stadt, oder zutreffender ihre Ruinen, sind heute unter dem Namen Amarna bekannt.

Amarna liegt in Mittelägypten und löste Memphis als politisches Zentrum sowie Theben als religiöses Pendant ab. Wenngleich Tutanchamun auch umhütet und umsorgt von seiner Amme Maya aufwuchs, so war die Welt in Wahrheit alles andere als heil – und ganz besonders nicht in Ägypten. Von außen drohte eine Invasion der aufstrebenden Hethiter, und im Innern probte Pharao Echnaton mit tatkräftiger Unterstützung seiner schönen Gemahlin Nofretete die erste religiöse Revolution. Es gilt als sicher, daß Echnaton Tutanchatons (wie der Sprößling in seiner ersten Lebenshälfte hieß) Vater, hingegen wohl Nofretete nicht seine Mutter ist. Die gängigste und plausibelste Theorie geht davon aus, daß Kija, eine Nebenfrau Echnatons, den kleinen Thronaspiranten zur Welt brachte.

Während der spätere Pharao lachend, kreischend und rennend die neue Residenz unsicher macht, führt Echnaton den Monotheismus in die Weltgeschichte ein. Die Vielgötterei wird abgeschafft. Die Anbetung von Osiris, Isis, Amun und all den anderen Götzen wird per Erlaß »von oben« verboten, ihre Tempel geschlossen und der Klerus entmachtet. An die Stelle der alten Götter tritt Aton, der einzige, der wahre Gott. Dargestellt wird er lediglich symbolhaft durch die Sonnenscheibe, deren lebenspendende Strahlen meist in »schützenden Händen« enden.

Kernstück der Huldigungen an den Einzigen bildet der sogenannte Sonnen- oder Aton-Hymnus. Es ist sehr wahrscheinlich, daß König Tut ihn auswendig rezitieren konnte:

»Schön erhebst Du Dich
am Horizont des Himmels,
Lebender Aton,
mit dem alles Leben beginnt.
Bei Deinem Aufgang im Osten erfüllst Du jedes Land
mit Schönheit.
Fürwahr: Gütig bist Du und groß,
hochstrahlend über allem Land.
Deine Strahlen umarmen die Erde
bis zum Rand Deiner Schöpfung.
Denn Du bist Re.
Du erreichst ihre Grenzen und unterwirfst sie
deinem geliebten Sohn.
Fern bist Du,
und doch ist Dein Strahlenglanz über der Erde.
Und es sehen Dich die Menschen, doch niemand
begreift Deinen Weg.

Läßt Du Dich im westlichen Lichtort nieder,
hüllt Dunkel die Erde,
Dunkel, als sei sie erstorben.
Und es schlafen verhüllten Hauptes die Menschen —
sieht nicht ein Gesicht das andere.
All ihr Besitztum —
raffte man es selbst unter ihren Häuptern hinweg:
Es spürte niemand.
Sein Lager verläßt das Raubzeug,
und Schlangenbiß droht.
Dunkelheit ist das einzige Licht,
die Erde schweigt.
In seiner Wohnstatt der Schöpfer ruht.

Doch die Erde erstrahlt,
wenn Du Dich am Morgenhimmel erhebst.
Und, am Tage erglänzend, als Aton scheinst.

Strahlen aussendend vertreibst Du die Nacht,
und beide Länder feiern ein Fest.
Die Menschen erwachen, sie stehen auf.
Du bist es, der sie sich erheben läßt!
Die Glieder gewaschen, kleiden sie sich,
erheben die Arme in Ehrfurcht zu Dir
bei Deinem Erscheinen.
Ihr Tagwerk
verrichtet nun die gesamte Welt.
In Frieden ziehen Scharen weidenden Viehs,
es ergrünen Baum und Strauch. Und aus seinem Nest
fliegt der Vogel, seine Schwinge preist
Deine Kraft.
Und munter springt jedes Tier.
Was da Flügel hat, lebt,
denn aufgegangen bist Du über ihm.
Schiffe ziehen flußauf und flußab.
Jeder Weg steht offen in Deinem Licht.
Vor Dir im Strom springt der Fisch – ja ins Herz.
Den See durchdringt Dein strahlender Glanz.
Du, der Du der Frauen Schoß Fruchtbarkeit schenkst,
der Du dem Manne Samen bereitest,
der Du dem Kinde im Mutterleib das Leben gibst,
der es tröstet, damit es nicht weint,
der Du das Ungeborene ernährst.
Du bist es, der allen Geschöpfen Atem gibt.

Bei der Geburt
tritt das Kind aus dem Leib.
Dann öffnest Du ihm den Mund und spendest ihm Nahrung.
Dem zirpenden Vogel im Ei
leihst Du Atem, um ihn zu erhalten.
Du setzt ihm seine Frist, die Schale zu zerbrechen.
Du rufst ihn hervor,
und soviel er vermag,
er zeugt doch von Dir, wenn er auf seinen Füßchen umherspringt,
sobald er hervorkommt.

Wie mannigfaltig sind Deine Werke!
Sie sind dem menschlichen Blick verborgen.
Oh einziger Gott, dem kein anderer gleicht,
nach Deinem Willen hast du allein
die Erde geschaffen, die Menschen, die Herden,
großes und kleines Getier, und alles,
was auf Erden nur weilt, auf Füßen
umhereilt und fliegend sich hoch in die Lüfte erhebt.
Alle die Lande von Syrien und Kusch und Ägypten –
Du stelltest jeden an seinen Platz,
und gabst, wessen er nur bedurfte.
Einem jeden wurde seine Nahrung zuteil.
Gezählt wurden jedem die Tage.
Es unterscheiden im Sprechen sich Zungen.
Verschieden sind Art und Farbe –
unterschiedlich hast Du die Völker geschaffen!

Unter der Erde schufst Du Wasser,
und Du läßt es zutage treten
nach Deinem Belieben,
das Volk Ägyptens zu erhalten,
wie Du es Dir erschaffen hast.
Oh göttlicher Herrscher ihrer aller,
der für sie Mühsal auf sich nimmt,
Herr aller Länder – für sie leuchtend,
Aton des Tages, an Herrlichkeit groß!

Auch fernen Ländern schenkst Du Leben.
An den Himmel setzt Du einen Nil,
um auch ihren Bergen Wasser zu spenden
mit meergleicher Flut
und die dürstenden Äcker der Dörfer zu tränken.
Wie herrlich, Herrscher der Ewigkeit,
sind Deine Pläne!
Eine himmlische Nilflut –
sie gabst Du den Fremden
und dem Wild ihrer Lande.

Doch der wirkliche Nil aus der Unterwelt
quillt für Ägypten.
Deine Strahlen nähren jegliche Flur, wenn Du scheinst.
Alles lebt und wächst für Dich.
Jahreszeiten hast Du geschaffen,
um zu erhalten, was Du vollbracht:
Den Winter zur Kühlung,
den Sommer zu verkosten.
Den Himmel machtest Du fern,
um zu sehen, was allein Du erschaffen hast.
Strahlend in Deiner Gestalt sich erhebend,
als lebender Aton, den Tag über leuchtend –
millionenfache Gestalten schufst Du allein
aus Dir selbst:
Städte, Dörfer, Felder und Straßen
und den Fluß.
Aller Augen sehen Dich vor sich,
den Aton des Tages,
über allem, was Du nur erschaffen.

In meinem Herzen bist Du,
doch sonst ist niemand, der Dich kennt.
Nur Echnaton, Deinem Sohn,
hast Du Einsicht gegeben
in Deinen Plan, Deine Macht.«

Der Hymnus wird in unserer Geschichte noch eine Rolle spielen. Circa 1334 v. Chr. endet Tutanchatons glückliche Kindheit jäh. Echnaton steigt zu seinem neuen Reichsgott Aton auf – und hinterläßt seinem direkten (oder übernächsten) Nachfolger Tutanchaton einen politisch-religiösen Scherbenhaufen. Der neue König ist zu diesem Zeitpunkt gerade einmal acht, vielleicht neun Jahre alt und von nun an der Herrscher über das mächtigste Reich der damaligen Zeit.

Auch Tutanchaton hat eine »Frau an seiner Seite«. Sie heißt Anchesenpaaton und dürfte seine Halbschwester sein. Sie ist nämlich die dritte Tochter Nofretetes und Echnatons. Wann die Vermählung genau erfolgte, ist unbekannt, eines sicher: Anchesenpaaton war um einige Jahre älter. Dennoch war weder sie noch Tutanchaton in der

Lage, die Staatsgeschäfte eigenverantwortlich zu führen. Das taten in den ersten Regierungsjahren denn auch hauptsächlich zwei Männer. Diese zogen im Hintergrund bereits die Fäden: der betagte Eje – er war der wahre Herrscher Ägyptens – und Horemhab, ein Militär unbekannter Herkunft.

Die Nachricht vom Machtwechsel in Achet-Aton wurde vom Volk zweifelsfrei mit Zustimmung und Skepsis zugleich aufgenommen. Einerseits war man erleichtert, daß der »Ketzer von Amarna«, der Kemet, also Ägypten, ins Unglück gestürzt hatte, endlich von der Weltbühne abgetreten war. Aber man war auch sehr im Zweifel, ob der neue Pharao, der ebenfalls Aton als Namensbestandteil führte (Tutanchaton heißt soviel wie »Lebendes Abbild des Aton«), dem Land seinen inneren Frieden, ja mehr noch, seinen Glauben – und damit seine Identität und Wurzeln – zurückgeben würde.

Das wußte auch der alte, aber hochintelligente und listige Eje, der höchstwahrscheinlich Nofretetes Vater ist. Um den drohenden Bürgerkrieg zu vermeiden, greift der schlaue Fuchs tief in die Trickkiste und unternimmt einen genialen innenpolitischen Schachzug. Im Zentrum seines Plans steht dabei das junge Herrscherpaar.

Intermezzo XVI

Warum Lord Carnarvon im Sommer 1901 wirklich in Bad Schwallbach war, ist noch immer ungeklärt. Einige, darunter seine Schwester, behaupten, er wollte seine Ehefrau, Lady Almina, von einem Kuraufenthalt abholen. Andere verbreiten, er selbst sei Kurgast in dem kleinen, aber feinen Bäderort im Taunus gewesen.

Sicher ist hingegen, daß Seine Lordschaft damals auf der sogenannten »Bäderstraße« mit seinem Wagen verunglückte und sich dabei schwer verletzte. Infolge des Unfalls litt er unter ständiger Atemnot. Auf Anraten der Ärzte verbrachte Carnarvon deshalb ab 1903 die Winterzeit im trockenen ägyptischen Klima.

Es ist fraglich, ob der Earl ohne den Zwischenfall in Deutschland jemals zum Ausgräbermäzen geworden wäre ...

Kapitel 17

Ein Herrscher –
drei Hauptstädte

Vom Kindkönig zum Schlachtenlenker

Drei kluge Schritte Ejes entschärften die angespannte innenpolitische
Situation Kemets umgehend:

- Die Krönung des neuen Herrscherpaares erfolgte in
  Theben.
- Im Jahr 2 ihrer Regierung (ca. 1332 v. Chr.) änderten
  der König und die Königin ihre Namen in Tutanchamun
  und Anchesenamun ab.
- Sämtliche Tempel und sonstige religiöse Kultstätten
  wurden wieder geöffnet, die Mitglieder der Priesterschaft
  übernahmen neuerlich ihre jeweiligen Funktionen.

Dokumentiert ist das umfangreiche Wirken Tuts auf der sogenannten »Restaurationsstele«. Sie liest sich wie ein politischer Tätigkeits-
bericht: »Als Seine Majestät (Tutanchamun, *Anm. d. Verf.*) als König
den Thron bestieg, waren die Tempel der Götter und Göttinnen von
Elephantine bis zum Nildelta … dabei zu vergehen. Er festigte die
Denkmäler, die verfallen waren. Er vertrieb das Sündige im ganzen
Land. Er läßt die Lüge wieder eine Abscheu sein …«

Dieser »law-and-order-Text« zeigt zugleich, wie chaotisch die
Verhältnisse zu Beginn von Tuts Regierungszeit in Kemet gewesen
sind. Es ist das Verdienst seines klugen und umsichtigen Beratersta-
bes, daß quasi binnen weniger Jahre die alte Ordnung wiederherge-
stellt und sich der Wohlstand unter der Ägide des Kindkönigs erneut
mehrte.

Kurzzeitig, am Beginn seiner Herrschaft, stand Tutanchamun
somit unter dem Zeichen gleich dreier Hauptstädte: Amarna, der
Hauptstadt seiner Kindheit und des Aton-Monotheismus, Memphis,
der alten und neuen politischen Residenz, und selbstverständlich

Theben. Durch die neuerliche Einsetzung des Reichsgottes Amun kam eine andere Metropole als klerikales Machtzentrum erst gar nicht in Betracht.

Spätestens im dritten Regierungsjahr aber war das »Amarna-Abenteuer« endgültig Vergangenheit. Der komplette Hofstaat mußte erneut nach Memphis ausgelagert werden, während Tutanchamuns tote Verwandte mutmaßlich ins Tal der Könige überführt wurden, um sie vor Plünderern auf dem nunmehr ungeschützten Friedhof von Achet-Aton zu bewahren.

Über Tutanchamuns Privatleben wissen wir herzlich wenig. Zwei in seinem Grab gefundene Föten werden häufig als Frühgeburten aus seiner Beziehung zu Anchesenamun bezeichnet. Das ist wenig glaubhaft, hätten doch die beiden Totgeburten über Jahre hinweg zwischengelagert werden müssen – was in Alt-Ägypten absolut unüblich war.

Gerade in den letzten Jahren hat die Tutanchamun-Forschung zudem weitere Erkenntnisse zu Tage gefördert, die so manches »liebgewonnene« Bild vom Leben des jungen Potentaten erheblich ins Wanken brachten. So gibt es Historiker, die – im Gegensatz zur (vor-)herrschenden Meinung – nicht ausschließen, daß der Pharao noch kurz vor seinem Tod (ca. 1325 v. Chr.) persönlich einen Feldzug in Syrien gegen das aufstrebende hethitische Heer anführte. Dafür sprechen unter anderem sechzig Steinfragmente, die ursprünglich zu Tuts Totentempel gehörten. Aufgespürt hat die Blöcke der US-Wissenschaftler Raymond Johnson. Er ist sich sicher: »Das ist keine Standardszene. Es ist die Wahrheit.«

Starb der König vielleicht sogar im Verlauf besagter Kampfhandlungen? Oder grundsätzlicher: Wie starb Tutanchamun eigentlich? Die Antwort ist komplex, die Debatte darüber äußerst konträr. Der populärsten Theorie zufolge wurde Tutanchamun das Opfer eines heimtückischen Attentats. Nächtens soll der skrupellose Anschlag erfolgt sein, bei dem der Täter mit einer Keule Echnatons Sohn einen todbringenden Hieb auf den Kopf versetzte. Diese Theorie habe ich bereits in dem Buch »Der Tut-anch-Amun Skandal« aufgrund des Mangels jeglicher Indizien verworfen. Ähnliche Theorien gibt es zuhauf mit illustren Killer-Kandidaten. Meist soll ausgerechnet der alternde Eje der Täter gewesen sein, um sich selbst die Pharaonenkrone aufs Haupt setzen zu können. Aber warum hat er dann den designierten Thronerben nicht bereits im Kindesalter von dunklen Gehilfen ermorden lassen? Damals, nach dem Tode des Amarna-Ketzers und seiner Gemahlin Nofretete, hätte Eje problem- und widerstandslos Ägyptens Doppelkrone beanspruchen können, denn neben zahlreichen anderen Ämtern bekleidete er auch die Funktion des Oberbefehlshaber der gesamten ägyptischen Streitkräfte. Faktisch war er damit bereits Herrscher über Ägypten.

Andere Täterprofile führten auf die Spur von Anchesenamun und Horemhab. Aber letztlich konnte keine Ermittlung überzeugen. Im Frühjahr 2006 wurde dann – völlig überraschend – eine neuerliche Mumien-Untersuchung unter Einsatz eines modernen Computertomographen von einem internationalen Expertenteam durchgeführt. Die bedeutendste Erkenntnis: Das auf einem Röntgenbild (angeblich) sichtbare Loch im Schädel Tuts konnte bei den Messungen nicht mehr nachgewiesen werden. Damit sind aber auch schon alle relevanten Ergebnisse der sündhaft teuren Aktion mitgeteilt.

Am Ende wurden folgende Todesursachen als möglich angegeben: Tutanchamun starb entweder eines natürlichen Todes oder nicht. Er kann durch Krankheit, Unfall, Kriminalität oder Kriegsverletzung ums Leben gekommen sein. Die Frage, welchen Tod König Tut erlitt, bleibt somit weiter völlig ungelöst. Dagegen sind die Belege für das Vorhandensein von Schriftrollen in KV 62 ja geradezu üppig.

Tutanchamun blieb wohl sein Leben lang Anhänger der Aton-Religion. Das läßt sich aus einer Kappe schlußfolgern, die auf dem Kopf der Mumie gefunden wurde. Sie trägt mehrfach den Namen ATON und wurde dem toten Pharao aufgelegt. Tutanchamun hat also mutmaßlich insgeheim dem Monotheismus sein Leben lang die Treue gehalten.

Anchesenamun, darauf deuten die Fakten hin, blieb auch unter Eje Königin von Ägypten. Im Besitz des Ägyptischen Museums Berlin befindet sich jedenfalls ein Siegelring, auf dem in zwei Kartuschen nebeneinander die Namen von Eje und Tutanchamuns Witwe eingraviert sind. Allerdings ist dies zugleich das letzte Lebenszeichen, das wir von dieser hochinteressanten Frau haben. War sie es etwa, die vor über dreitausend Jahren befahl, Tuts Mumie unter den Schutz Atons zu stellen, und ihm hierfür die Kappe auf das Haupt legen ließ? Und war es gar Anchesenamun, die anordnete, ihrem verstorbenen Gemahl »einen Kasten voller Papyrusrollen« mit ins Grab zu legen? Papyrusrollen, die die Wahrheit über den ersten Monotheismus der Weltgeschichte enthalten?

Anchesenamuns Grab ist noch nicht gefunden. Spekulationen, die 2006 im Tal der Könige entdeckte Anlage KV 63 könnte ursprünglich ihr zugedacht gewesen sein, sind wenig stichhaltig.

Echnatons und Nofretetes Tochter lebte lange genug, um eine ihrem Status angemessenere Gruft anlegen zu lassen.

Soweit – sehr skizzenhaft – Tutanchamuns Lebensweg. Aber das Dargelegte reicht aus, um historisch vergleichen zu können, ob der Exodus mit der Lebensspanne des Königs und den historischen Abläufen überhaupt in Einklang zu bringen ist. Jetzt müssen wir sehen, was diesbezüglich in der Bibel steht, und vor allem, was die archäologische Forschung ergeben hat.

Intermezzo XVII

Tutanchamun war eigentlich der letzte legitime Herrscher der 18. Dynastie. Sein Nachfolger Eje, der kaum mehr als drei, vier Jahre (ca. 1325 – 1321 v. Chr.) das Land regierte, hatte aber immerhin noch Blutsbande zur Königsfamilie. Eje gilt als Vater der Königin Nofretete und somit auch als Großvater von deren Tochter Anchesenamun.

Dagegen steht Ejes Thronerbe, General Horemhab (ca. 1321 – 1293 v. Chr.), in keinerlei verwandtschaftlicher Beziehung zum Königshaus. Seine offizielle Regierungslegitimation beruht anscheinend lediglich auf seiner Vermählung mit Nofretetes Schwester Mutnedjemet. Allerdings sind in Fachkreisen erhebliche Zweifel laut geworden, ob Horemhabs Gattin mit der gleichnamigen Schwester Nofretetes identisch ist.

Wie dem auch sei: Sicher ist, daß von den beiden letzten Repräsentanten von Ägyptens bekanntester Dynastie bis heute jede Spur fehlt. Wir haben zwar ihre Gräber im Tal der Könige ausfindig machen können, nicht aber ihre Mumien. Wurden diese zerstört oder in eine noch unentdeckte »Cachette« (Mumiendepot) zum Schutz vor Grabräubern ausgelagert, wie dies mit vielen Pharaonen geschehen ist?

Kapitel 18

Eindeutig mehrdeutig:
Der Exodus

Wo die Bibel sicher nicht recht hat

Wenn wir feststellen wollen, ob historisch und archäologisch überhaupt die Möglichkeit besteht, daß sich Schriftrollen zur biblischen Exodusgeschichte im Grab Tutanchamuns befunden haben können, müssen wir zwei essentielle Fragen beantworten: Zum einen, ob der Auszug der Juden aus Ägypten überhaupt stattgefunden hat bzw. stattgefunden haben kann. Und zum anderen, ob dieser Exodus mit Tutanchamuns Lebensabschnitt in Verbindung steht oder in Verbindung zu bringen ist.

Wer versucht, objektive Informationen zu diesen Fragen zu erhalten, wird alsbald feststellen, daß er sich auf ein unlösbares Unterfangen eingelassen hat. Denn – und das ist das einzige, was in der Exodusfrage sicher ist – zumindest einmal hat die Bibel mit absoluter Sicherheit unrecht. Das Alte Testament gibt nämlich *zwei* divergierende Zeitangaben über den israelitischen Beginn der Auswanderung in das Gelobte Land.

Die Exoduserzählung ist das zweite der fünf Bücher Moses, die auch unter dem Begriff »Pentateuch« zusammengefaßt werden. Pentateuch bedeutet soviel wie »das fünfteilige Buch« oder auch »die fünf Schriftrollen«. Im zweiten Buch Moses ist nun folgende Passage über die Ursache der Abwanderung der Israelis aus dem Nilland nachzulesen: »Ein neuer König … trat die Herrschaft über Ägypten an.« (2. Mos., Kapitel 1, Vers 8). Und weiter berichten die alten Texte: »Er sprach zu seinem Volke: ›Fürwahr, das Volk der Söhne Israels ist bereits größer und stärker als wir. Wohlan, wir müssen uns klug ihm gegenüber verhalten, damit es nicht noch zahlreicher wird und sich im Kriegsfalle unseren Feinden anschließt, gegen uns kämpft und sich des Landes bemächtigt.‹ Man setzte also Fronvögte über die Israeliten ein, die sie mit ihren Frondiensten bedrücken sollten; sie mußten Proviantstädte für den Pharao bauen, nämlich Pithom und Ramses.« (2. Mos. 1, 8 und 11).

Die Städte Pithom und Ramses (ägypt. Pi-Ramesse, *Anm. d. Verf.*) gab es wirklich. »Ramses-City« war sogar zeitweise Hauptstadt des Reiches. Der Baubeginn für die neue Metropole im östlichen Nildelta erfolgte höchstwahrscheinlich unter Pharao Sethos I. Aber der weitaus größte Teil der Anlagen erstand erst während der Regierungszeit seines Sohnes und Nachfolgers Ramses' II. Zwang er die Semiten zur Fronarbeit? Wenn also Ramses der »Pharao der Unterdrückung« war, müßte sein Nachfolger Merenptah höchstwahrscheinlich der »Exodusherrscher« gewesen sein.

Tatsächlich suggeriert eine Stele aus Merenptahs fünftem Regierungsjahr diesen Eindruck. Eingeritzt in den Block ist ganz unten, in Zeile 27, zu lesen: »Israel liegt am Boden und hat keinen Samen mehr.« Offensichtlich gab es unter dem dreizehnten Sohn Ramses' II. militärische Auseinandersetzungen mit dem »auserwählten Volk«.

Natürlich ist diese Schilderung nur sehr oberflächlich. Aber sie ist auch heute noch in weiten Kreisen die bekannteste Theorie über die chronologische Abfolge des Exodus und wird in unseren Schulen verbreitet. In jedem Fall ist sie die eingängigste Lehre. Sollte sie zutreffen, können sich unmöglich Exodusberichte in Tutanchamuns Grab befunden haben. Ob Sethos I., Ramses II. oder Merenptah: Allesamt zählten sie zur Linie der 19. Dynastie. Sämtliche Geschehnisse, die sich unter ihrer Herrschaft ereignet haben, passierten folglich *nach* Tutanchamuns Tod (ca. 1325 v. Chr.). Und damit wäre Howard Carter ein weiteres Mal der Prahlerei und Unwahrhaftigkeit überführt.

Aber so klar, wie sich die Sache darstellt, ist sie selbstverständlich nicht. Einzig die Erwähnung der Ortschaft Pi-Ramesse deutet nämlich auf einen Exodus während der 19. Dynastie hin. Schon die »Partnerstadt« Pithom ist als Indiz für den Exodus während der 19. Dynastie nur schwerlich anzuführen, wie die international renommierten Archäologen Israel Finkelstein und Neil Silberman in ihrem Buch »Keine Posaunen vor Jericho« schreiben. »Zwar erwähnt ein Text aus dem späten 13. Jahrhundert v. Chr. einen Ort mit dem Namen Pithom, aber die weitaus berühmtere und bekanntere Stadt Pithom wurde im ausgehenden 7. Jahrhundert v. Chr. erbaut. ... Aufgrund von Inschriften«, ergänzen die beiden Altertumsforscher, »die die Archäologen im Tell el-Mas Chuta im Ostdelta fanden, setzen sie diese Stätte mit dem späteren Pithom gleich.«

Und die berühmte »Israel-Stele«? Für die traditionelle Lehre ist gerade sie ein »archäologischer Dolchstoß«. Zwar ist es richtig, daß die Felstafel von einem Sieg der Ägypter über Israel kündet – aber im Rahmen eines Feldzuges in Kanaan. Wenn die Israel-Stele also etwas bestätigt, dann höchstens, daß der Auszug von Jahwes Volk aus Ägypten bereits wesentlich früher stattgefunden haben muß! Immerhin dauerte der Zug der Juden laut Bibel vierzig Jahre.

Doch dadurch wird die ganze Story nicht einfacher. Woher soll man Angaben für einen früheren Beginn des Exodus nehmen? Die Exegeten-Antwort kommt prompt: »Aus der Bibel!« Der Rat ist gut, denn tatsächlich hält das Alte Testament eine zweite Zeitvariante für den Exodus parat. Nachzulesen ist sie im 1. Buch der Könige, Kapitel 6, Vers 1. Dort steht geschrieben: »Im 480. Jahre nach dem Auszug der Israeliten aus Ägypten, im vierten Jahre der Herrschaft Salomos über Israel im Monat Siw (Bezeichnung für »zweiter Monat«, *Anm. d. Verf.*) begann Salomo, den Tempel für den Herrn zu bauen.«

Die Konsequenzen für die Datierung des Exodus' liegen klar auf der Hand. Salomo bestieg circa 970 v. Chr. den Reichsthron. Rechnet man von diesem Zeitpunkt aus die angegebenen 480 Jahre zurück, so schreibt man, als der Exodus (angeblich!) beginnt, circa das Jahr 1450 v. Chr. Damit befinden wir uns in der absoluten Blütezeit der Kultur am Nil. Anstelle der ersten Vertreter der 19. Dynastie herrschen die mächtigen Potentaten der 18. Königsfamilie. Um 1450 v. Chr. wird den archäologischen Erkenntnissen nach wohl gerade Amenhotep II. die Reichsinsignien, Krummstab und Dreschflegel, fest in den Händen halten.

Die politische Situation ist stabil. Amenhoteps Vorgänger Thutmosis III. ist es gelungen, die erste Supermacht der Weltgeschichte zu schaffen. Seine Armee war in siebzehn Kriegszügen zur erfahrensten und erfolgreichsten Truppe gereift, die je gegen Ägyptens Feinde ins Feld geführt wurde. Israels Massenflucht just in dieser Epoche zu sehen fällt schwer. Ägyptens Garde-Einheiten hätten derartige Bestrebungen mutmaßlich bereits im Keim erstickt.

Man hat versucht, das Dilemma der divergierenden Exodusdaten mit mehreren Auszügen verschiedener Gruppen zu unterschiedlichen Zeiten zu erklären. Davon freilich weiß die Bibel nichts. Sie berichtet lediglich von einem Ereignis. Und wenn dem so war, muß zumindest eine Datierung falsch sein. So oder so: Mißtrauen ist deshalb gegenüber *beiden* Angaben angebracht. Taxiert man die Exodus-Chronologie lediglich nur um zehn bis zwanzig Jahre früher oder später, befindet man sich jeweils in einem völlig anderen historischen Umfeld.

Aus diesem Grund lehnen zahlreiche Wissenschaftler eine Bestimmung des Exodus' allein aufgrund der Bibelvorgaben ab. Finkelstein und Silberman kommen beispielsweise zu der Ansicht, »daß man das Problem mit dem Auszug aus Ägypten nicht lösen kann, indem man einfach Daten und Könige aneinander reiht.« In dasselbe Horn stößt der Ägyptologe Hermann Schlögl: »Leider müssen wir erkennen, daß die Bibel als Geschichtsbuch nur sehr begrenzt tauglich ist«, schreibt er in seiner Ramses-II-Monographie.

Dementsprechend kommen andere Historiker, die nicht stur den beiden Bibel-Datierungen (von denen ohnehin nur höchstens eine stimmig sein kann) verhaftet sind, bei ihren Studien zu völlig anderen, überraschenden Ergebnissen. Aber das ist wieder ein ganz anderes Kapitel.

Intermezzo XVIII

Papyri, die sich auf die Bibel beziehen, sind begehrte Objekte – und entsprechend teuer. Häufiger Verwahrungsort ist deshalb ein Bankschließfach.

- *So soll der unlängst medienwirksam vermarktete »Judas-Papyrus« jahrelang in einem Safe auf Long Island verwahrt worden sein.*
- *Der Bestseller-Autor Michael Baigent behauptet, in einer Londoner Bank Truhen präsentiert bekommen zu haben – angefüllt mit Papyrusfragmenten.*
- *Im November 1924 bereitete Howard Carter die wichtigsten Stücke der Sammlung Carnarvon für deren Abtransport vor – zur Aufbewahrung in den Tresoren der Bank von England.*

Kapitel 19

Der Auszug, der nie stattfand ...

Die moderne Anti-Exodus-Strömung

Das Dilemma der zeitlichen Einordnung des Auszugs der Israeliten aus dem ägyptischen Reich führte nach dem Zweiten Weltkrieg zu einer zunehmend kritischeren Haltung gegenüber diesem Teil des Pentateuch. Immer mehr Lehrstühle begannen, den Exodus als reale historische Begebenheit der Antike in Zweifel zu ziehen.

Ausgangspunkt ihrer Überlegungen war und ist eine unstrittige Tatsache, die beispielsweise der Ägyptologe Rolf Krauss in seinem Buch »Das Moses-Rätsel« an den Anfang seiner interessanten Ausführungen stellt: »Auch nach hundertfünfzig Jahren intensiver Ausgrabungen«, schreibt er, »sind in Ägypten nicht einmal die Spuren eines einzigen Stammes der Kinder Israels zutage gekommen.« Seine daraus resultierende Schlußfolgerung: »Darum liegt der Verdacht nahe, daß der biblische Bericht über den Aufenthalt der Israeliten in Ägypten eine dichterische Fiktion« ist. Und gemäß dieser Sicht der Dinge kommt Krauss letztendlich zu dem Ergebnis: »... für die Geschichtsforschung hat es keinen Aufenthalt der Israeliten in Ägypten gegeben.«

Besonders weitverbreitet ist diese Theorie in Israel selbst. »Die Kinder Israels waren niemals Sklaven in Ägypten ...«, postulierte bereits 1999 der Archäologie-Professor Seev Herzog von der Universität Tel Aviv. Nach siebzig Jahren Grabungen sind auch die meisten von Herzogs Kollegen seiner Überzeugung »... es stimmt alles nicht.« Die israelischen Archäologen sind sich deshalb weitgehend einig, daß ein Massenexodus der Juden aus Ägypten nicht den historischen Fakten entspricht. Diese Position vertreten auch die oben bereits zitierten Geschichtsforscher Israel Finkelstein und Neil Silberman: »... es gibt keine Hinweise, nicht einmal ein einziges Wort über die frühen Israeliten in Ägypten: weder in den monumentalen Inschriften an den Wänden von Tempeln noch in Grabinschriften und auch nicht auf Papyrus«, lassen sie ihre Leserschaft wissen.

Mit der biblischen Massenflucht des »auserwählten Volkes« verhält es sich somit wie mit dem Mythos Atlantis, jener sagenhaften Insel mit einer unerreichten Hochkultur, die im Meer versunken sein soll. Befürworter wie Verneiner des Wahrheitsgehaltes der Legende können sich auf lediglich eine einzige Quelle berufen: den griechischen Philosophen Platon (427 – 347 v. Chr.). Dennoch ist die Zahl der Theorien, die der Frage nachgehen, wo sich jenes sagenumwobene Eiland befunden hat, nicht mehr überschaubar.

Ähnlich steht es um die Flucht der Israeliten in das »promised land«, das »Gelobte Land«. Wir können hier unmöglich auf jede einzelne Auszugstheorie, die jemals von Exegeten, Archäologen und Ägyptologen vorgebracht wurde, einzeln und gar ausführlich eingehen. Deshalb habe ich mich darauf beschränkt, die verschiedenen Lehrmeinungen zu diesem Thema exzerptartig darzulegen.

Jede dieser wissenschaftlichen Grundrichtungen hat zweifellos ihre plausiblen Argumente, aber auch ihre spekulativen Schwachstellen. Das liegt aufgrund der äußerst dürftigen Quellenlage – uns steht lediglich das 2. Buch Moses des Pentateuch zur Verfügung – in der Natur der Sache. Allerdings sollte dabei die wissenschaftliche Objektivität gewahrt bleiben. Man muß sich wahrlich nicht jeder neuen Theorie »auf dem Markt« anschließen oder gar eine Position aufgeben, nur weil ein theoretisches neues Artefakt in eine andere Richtung weist. Aber man muß als Forscher zumindest *erwähnen*, daß es diese Theorien bzw. diese Funde gibt.

Nehmen wir als Beispiel das oben geschilderte Resümee von Finkelstein und Silberman: »Es gibt keine Hinweise, nicht einmal ein einziges Wort über die frühen Israeliten in Ägypten: weder in den monumentalen Inschriften an den Wänden von Tempeln noch in Grabinschriften und auch nicht auf Papyrus.« Dieses Postulat kann nicht unwidersprochen bleiben. Es gibt aus meiner Sicht sehr wohl Hinweise auf die frühen Israeliten in Ägypten – sogar aus einer Zeit lange vor Tutanchamuns 18. und Ramses' 19. Dynastie –, und es handelt sich dabei sehr wohl um Hinweise auf einem Papyrus!

Die Rede ist vom ursprünglich nur Insidern bekannten »Papyrus Brooklyn«, so benannt nach seinem Besitzer, dem bekannten New Yorker Brooklyn Museum. Dort ist die teilweise schwer beschädigte Schriftrolle unter der Katalogisierungsnummer »Brooklyn 35.1446« registriert. Fachlich bearbeitet und publiziert hat das Schriftstück der Wissenschaftler William Hayes im Jahr 1955. Einer breiten Öffentlichkeit vorgestellt aber hat das Dokument der englische

Ägyptologe David Rohl in seinem Buch »Pharaonen und Propheten«.
Die Vorderseite des Papyrus' enthält einen Erlaß von Pharao
Sobekhotep III., einem König der 13. Dynastie, der um 1745 v. Chr.
für einige wenige Jahre die Geschicke Ägyptens lenkte. In dem
Schriftstück genehmigt Sobekhotep III. die Abtretung von Hausdie-
nern an einen thebanischen Landsitz. Auf der Rückseite der Rolle
sind knapp hundert Namen aufgelistet. Man nimmt an, daß es sich
dabei um die Mitglieder der vorderseitig benannten Gruppe handelt.
Wie auch immer: Die »nichtssagenden« Namen sprechen Bände.
Über fünfzig Prozent der insgesamt fünfundneunzig Namen sind aus
Sicht der Ägypter ausländische Namen. Doch das ist noch nicht alles,
der Clou kommt erst noch. Denn darunter finden sich Namen, die
wir sogar aus der Bibel kennen!

- So ist beispielsweise an elfter Stelle der Name Menahem
  aufgeführt. Nicht anders hieß später auch der sechzehn-
  ter König von Israel.
- An einundzwanzigster Stelle von Brooklyn 35.1446 hat
  der Schreiber den Namen Schifra notiert. Derselbe
  Name steht im Exodus. In Kapitel 1, 15-21 heißt so
  eine der Hebammen, die beauftragt worden waren, die
  männliche Nachkommenschaft der Juden zu töten.

Ja, wer soll denn eigentlich diese Namen getragen haben, wenn nicht
die Semiten? Man kann ja durchaus den Exodus als historische
Aktion, als geschichtliche Realität in Zweifel ziehen. Aber dabei muß
man sich an die Fakten halten, muß sich mit ihnen auseinandersetzen.
Sie zu ignorieren oder zu unterdrücken widerspricht wissenschaftli-
cher Vorgehensweise und trägt alles andere als zur Stärkung der
eigenen Position bei. Die Behauptung von Finkelstein und Silberman
wird jedenfalls allein schon durch den Brooklyn-Papyrus unhaltbar.
Erinnern wir uns: In gleicher Weise wird mit der Aussage des Leipziger Ägyptologie-Professors Georg Steindorff über das Vorhandensein eines Totenbuches in Tutanchamuns Grab verfahren. Bis heute ist
die Quelle nie Gegenstand einer argumentativen ägyptologischen
Wertung gewesen – wohl aber Gegenstand permanenter Ignoranz.
Doch zurück zu der Frage, ob es – zumindest theoretisch –
überhaupt eine Verbindung der Tutanchamun-Epoche mit dem Auszug der Juden aus Ägypten geben kann. Basierend auf den bisher
vorgestellten Lehrpostulaten muß dies mehr oder weniger klar verneint
werden. Aber noch fehlt uns eine wissenschaftliche Lehrmeinung.

Intermezzo XIX

Die angeblich der Mumie Tutanchamuns beigegebene Schriftrolle ist nicht das einzige Rätsel im dritten Sarkophag des Königs. In der Bindenhülle des Leichnams fand sich neben vielen anderen Gegenständen auch ein interessanter Eisendolch. Die 34,2 Zentimeter lange Waffe wirft eine Kette von Fragen auf:

- Die Klinge besteht aus Meteorit-Eisen. Das dürfte fast einzigartig sein unter den erhaltenen Eisenobjekten aus dem alten Ägypten.
- Man stelle sich vor: Ein Meteorit aus den Tiefen des Alls schlägt auf unserem Heimatplaneten ein, fällt dort just einem der wenigen Bearbeitungskundigen in die Hände, die in der Lage sind, dieses Metall zu formen, um dann als Grabbeigabe eines Pharaos Verwendung zu finden.
  Es wäre interessant, hierzu eine Wahrscheinlichkeitsrechnung aufzustellen, wie vielen Eisenmeteoriten ein vergleichbares »Schicksal« zuteil geworden ist.
- Bei der Freilegung des Dolches war dessen Klinge zwar schwarz angelaufen, wies aber zur allgemeinen Überraschung der Fachleute auch nach 3 000 Jahren fast keine Roststellen auf. Das ist äußerst ungewöhnlich.
- Hinzu kommt: Der Knauf des Fundstückes Nr. 256 K besteht aus einem sorgfältig angepaßten Bergkristall unbekannter Herkunft.

Und das alles vereint in einem Objekt, im einzigen ungeplünderten Königsgrab im Tal der Könige. Aber das ist sicherlich auch nur ein Zufall …

... fand ca.
1337 v. Chr. statt

War Tutanchamun der wahre
»Pharao der Unterdrückung«?

Wie bereits dargelegt, ist es unmöglich, den Auszug der Juden aus Ägypten an den biblischen Daten dingfest zu machen. Das scheitert allein schon an den unterschiedlichen Angaben im zweiten Buch Moses und im ersten Buch der Könige.

Aber davon einmal abgesehen: Wer vermag schon zu sagen, ob seit dem Exodus, wie behauptet, tatsächlich 480 Jahre ins Land gezogen waren. Machen wir uns nichts vor: Es können genauso gut 470 Jahre gewesen sein oder 490. Ebenso ist es unmöglich zu behaupten, die theoretische Flucht aus Pi-Ramesse sei 1280, 1232 oder 1205 v. Chr. (zu allen drei Zeitpunkten existierten zumindest bereits Teile der Metropole) erfolgt.

Wir haben aber in Wahrheit noch einen dritten zeitlichen Orientierungspunkt: die oben bereits erwähnte Siegesstele Merenptahs, besser bekannt unter dem Begriff »Israel-Stele«. Sie erwähnt Israel unter den Völkern Syriens und Palästinas, die Pharao Merenptah im Rahmen seines Feldzugs um 1207 v. Chr. besiegte. 1207 müßten demnach die Juden eigentlich schon längere Zeit im Norden des ägyptischen Reiches gesiedelt haben. Gehen wir von drei Generationen aus, also von neunzig Jahren, und rechnen die vierzigjährige Wanderschaft des auserwählten Volkes bis in das »Gelobte Land« hinzu, wäre der Exodus etwa 1337 v. Chr. anzusiedeln. Tutanchamun regierte nach heutigem Kenntnisstand circa 1334 – 1325 v. Chr. Damit haben wir erstmalig einen Anhaltspunkt dafür, daß Tutanchamun quasi ein »Augenzeuge des Exodus« gewesen sein *könnte* – allerdings einen sehr vagen und spekulativen. Als Bestätigung dafür, daß die Flucht der Juden im Zeitrahmen der Amarna-Periode, also unter den Pharaonen Echnaton und/oder seines Sohnes Tutanchamun stattfand, reicht das aber keinesfalls aus.

Das ist auch nicht notwendig, denn die weitere diesbezügliche Recherche ergibt Überraschendes: Es existiert sogar eine eigene

Lehrrichtung, die den jüdischen Exodus mit dem altägyptischen Monotheismus, dem Eingottglauben während Echnatons Regierungszeit, in direktem Zusammenhang sieht.

Einer der ersten Vertreter dieser Schule war James Henry Breasted, der später zeitweise Howard Carters Tutanchamun-Grabungsteam angehörte. In seinem Buch »Dawn of Consience« kommt er zu dem Schluß, daß der Monotheismus des Häretikers Echnaton ein Vorläufer des israelitischen Eingottglaubens gewesen ist. Breasteds These beruht auf Ähnlichkeiten ägyptischer Texte mit entsprechenden Passagen des Alten Testaments. Hier hebt er insbesondere die Sprüche Salomos hervor. Sein schlagendstes Argument ist aber die Parallelität zwischen dem 104. Psalm und dem großen Aton- oder Sonnenhymnus Echnatons und Nofretetes.

Die augenfälligsten Übereinstimmungen im 104. Psalm mit dem Aton-Hymnus sind in den Versen 20 bis 26 enthalten:

> 20: *Schickst Du Finsternis, so wird es Nacht.*
> *In ihr schleicht alles Waldgetier umher.*
>
> 21: *Die Löwen brüllen nach Raub;*
> *sie verlangen von Gott ihre Nahrung.*
>
> 22: *Strahlt die Sonne auf, dann verkriechen sie sich*
> *und lagern in ihren Höhlen.*
>
> 23: *Nun geht der Mensch an seine Arbeit und*
> *an sein Tagewerk bis gegen Abend.*
>
> 24: *Wie zahlreich sind doch Deine Werke, Herr!*
> *Sie alle schufest Du in Weisheit, die Erde ist*
> *erfüllt von Deinem Eigentum.*
>
> 25: *Da ist das Meer, so groß und weitumfassend,*
> *darin Gewimmel ohne Zahl: Lebewesen klein*
> *und groß!*
>
> 26: *Schiffe ziehen dort einher, der Seedrache,*
> *den Du geformt, damit er darin spiele.*

Die Mühlen der Wissenschaft mahlen oft langsam. Es sollte noch circa fünfzehn Jahre dauern, bis sich »Breasteds Schneeball« zu einer »Weigallschen Lawine« mauserte. Arthur Weigall war Ägyptologe und entwickelte, auf der Basis von James Breasted, ein Szenario, das erstmals einen direkten Zusammenhang zwischen dem Exodus, Echnaton und Tutanchamun herstellt. In etlichen Schriften stellte Weigall ab 1910 sein Konstrukt vor, das zusammenfassend folgende Prämissen beinhaltet:

- Exodus und Echnatons religiöse Revolution waren direkt miteinander verbunden, standen in direktem Zusammenhang.
- Der Exodus erfolgte am Ende der Regierungszeit Tutanchamuns. Doch hat man sich darunter keine Flucht des »auserwählten Volkes« vorzustellen. Vielmehr erfolgte eine *Vertreibung* durch die Ägypter unter Führung des Generals Horemhab, der zum übernächsten Herrscher nach Tutanchamun aufsteigen sollte.

Letztlich wird sogar die Frage nach einer *direkten* Verbindung zwischen dem hebräischen und dem ägyptischen Eingottglauben aufgeworfen – mit neuerlich überraschendem Resultat: Sogar Echnatons absoluter Gott, Aton, läßt sich mit den Juden in Verbindung bringen – und, so unglaublich es auch klingen mag, mit deren Gott. So kann man (um wiederum nur ein Beispiel herauszugreifen) dem ägyptischen Gottesnamen Aton eine auffallende Ähnlichkeit zum hebräischen Begriff Adonai, »Gott der Herr« (das ist die Umschreibung für Jahwe), nicht absprechen. Sollten Aton und Adonai »Verwandte« im selben Land, nur in unterschiedlichen Häusern gewesen sein? Beachtenswert ist jedenfalls der hohe Anteil an ausländischen Personen in Echnatons Führungsriege.

Die jüngste und nicht unspektakuläre Entdeckung in diesem Zusammenhang war 1980 die Freilegung des Grabes von Aper-el durch den Franzosen Alain Zivie. Der Asiate Aper-el diente Echnaton in seinen ersten Regierungsjahren als Wesir. Dabei ist zu beachten, daß das Wesirat nach dem Pharao selbst die ranghöchste Verwaltungs- und Rechtsebene darstellte. Wechselseitige kulturelle Einflüsse sind also nicht nur wahrscheinlich, sondern können als gesichert gelten.

Auf dieser Basis entwickelte Sigmund Freud 1939 in seinem Spätwerk »Moses and Monotheism« die spekulative und phantasievolle Theorie, Moses, der große Anführer der Israeliten während des Exodus, sei in Wahrheit ein Ägypter gewesen, der ursprünglich ein glühender Anhänger Echnatons und der Aton-Lehre war. Nach dem Scheitern des Atonismus habe er die Amarna-Religion an die Stämme Israels weitergegeben. Die Aton-Lehre wäre demnach ein Vorläufer des biblischen Monotheismus! Und zu Recht betont der Ägyptologe

Erik Hornung: »… selbst im Islam gibt es Stimmen, die Echnaton als einen Vorläufer in Anspruch nehmen.«

Der Inhalt der Papyrusrollen aus Tutanchamuns Grab hätte also unmittelbaren Einfluß auf gleich drei große Weltreligionen: Judentum, Islam und Christentum. An religionspolitischer Brisanz wäre das wohl kaum mehr zu überbieten. Man braucht nur an die in den vergangenen Jahren zunehmenden Extremismus-Gewalttaten zu denken und das sich rasch radikalisierende, religiös motivierte Gewaltpotential im Nahen Osten.

Bis zu dieser Stelle habe ich es bewußt konsequent vermieden, die Person Moses ins Spiel zu bringen. Wir werden jedoch sehen, daß Moses, der Befreier der Juden, in unserer Thematik noch erheblichen Raum einnehmen wird. Ziehen wir jedoch zunächst ein Fazit der letzten Kapitel: Es ging um die wissenschaftliche Untersuchung zweier prinzipieller Fragen: Hat der biblische Exodus überhaupt stattgefunden, und, falls ja, läßt er sich mit der Epoche Tutanchamuns in Einklang bringen? Dazu habe ich die gängigsten Lehrmeinungen kurz vorgestellt. Die Analyse fällt dementsprechend zustimmend und ablehnend zugleich aus – es kommt darauf an, welche Position man nach dem Abwägen der jeweiligen Argumente einnehmen will. Legen wir die von James Breasted begründete Schule als Maßstab an, liegt die Existenz von Schriftrollen zum Exodus in Tutanchamuns Grab durchaus im Bereich des Möglichen. Akzeptiert man hingegen andere Forschungsströmungen, ist dies eher zu verneinen.

Doch das ist für uns ohne Belang, denn keine einzige Lehrmeinung läßt sich letztlich definitiv belegen. Für uns ist nur von Bedeutung, daß das Vorhandensein von Schriftstücken zur Bibel in Tuts Grablege wissenschaftlich zumindest nicht ausgeschlossen werden kann. Die Frage, ob Carters Drohung gegenüber dem britischen Vizekonsul nur eine hohle Phrase gewesen ist oder aber auf tatsächlicher Fundlage beruht hat, läßt sich vorläufig somit weder positiv noch negativ bescheiden.

Dementsprechend entpuppt sich aber gleichfalls Thomas Hovings Aussage, selbstverständlich habe Carter im Grab keine Papyri gefunden, als unbelegte Tatsachenbehauptung. Dies frustriert um so mehr, wenn man darüber hinaus feststellen muß, daß wahrscheinlich selbst Hoving nicht alle Hinweise auf Papyri, die ihm zur Verfügung stehen, in seinem Buch veröffentlichte. Aber das ist natürlich Gegenstand eines neuen Kapitels.

Intermezzo XX

Das Ägyptologische Institut der Universität Leipzig sah sich leider außerstande, für dieses Buch unbürokratisch die Abdruckgenehmigung eines in ihrem Besitz befindlichen Fotos von Professor Steindorff zu erteilen.

Um darüber befinden zu können, benötige man ein »Exposé« des nunmehr vorliegenden Buches. Nach dessen Durchsicht werde dann das Thema auf die Tagesordnung einer »Dienstbesprechung« gesetzt und nach entsprechender Diskussion darüber abschließend entschieden, ob die Bildrechte erteilt werden – oder nicht.

Zur Begründung hieß es, man sei »nicht sehr glücklich« über das, was mein Co-Autor B. Biffiger und ich in unserem Buch »Der Tut-anch-Amun Skandal« geschrieben haben. Die zuständige Dame betonte jedoch, sie sei lediglich das »die Weisung ausführende Organ«.

Kapitel 21

Das große Schweigen

Ignoranz und Selektion der Papyri-Informationen

Wie bereits erwähnt, veröffentlichte Thomas Hoving die Exodus-Passage aus Lee Keedicks interessanten Aufzeichnungen erstmalig 1978. Seither sind fast dreißig Jahre ins Land gezogen und es wird Zeit, die Frage zu stellen, welche Position die Ägyptologie zu den Ausführungen von Howard Carters Veranstaltungsmanager einnimmt.

Die Antwort kann nicht überraschen. Wie im Falle Georg Steindorffs reagierte der zuständige wissenschaftliche Fachbereich so gut wie gar nicht. Einzig der britische Ägyptologe T. G. H. James bezog Stellung zu dem ihm vorliegenden Material. In seinem 1992 erschienenen Buch »Howard Carter – The Path to Tutankhamun« schreibt er: »Der Bericht, daß er während dieser Zeit (gemeint ist hier Carter vor seiner Abreise nach Nordamerika, *Anm. d. Verf.*) Allenby (britischer Hochkommissar für Ägypten, *Anm. d. Verf.*) getroffen und gedroht hatte, Papyrustexte aus dem Grab zu veröffentlichen, welche die ägyptische Sicht der Vorkommnisse um den Auszug der Juden aus Ägypten in der Antike beinhalten sollten, ist eine ungerechtfertigte Interpretation einer unwahrscheinlichen Geschichte, die Carter persönlich während seiner Vortragsreise in den USA Lee Keedick erzählt haben soll. Der Bericht, der in Keedicks Notizen über Carter enthalten ist, ist im Hinblick auf Ort, Zeit und sogar die beteiligten Personen sehr ungenau.« Es gebe keinen unabhängigen Zeugen des Vorfalls – so daß der Bericht bestenfalls als »Apokryph angesehen werden muß«. James' Fazit: Hovings »Interpretation der Keedick-Papiere geht weit über die von Keedick berichteten Fakten hinaus und ist zu spezifisch«.

Soweit T. G. H. James. Seine Äußerung erhält um so mehr Gewicht, als er am British Museum tätig war. Es gibt nicht viele ägyptologische Einrichtungen, die einen gleichen oder gar höheren Ansehensgrad genießen wie die Londoner Institution.

Zunächst einmal ist es deshalb nur recht und billig, James' Einschätzung Respekt zu zollen. Es ist nicht gerade wohlgelitten in Kollegiumskreisen, wenn sich eines ihrer Mitglieder öffentlich mit

»apokryphen« Themen auseinandersetzt. Das gilt selbst dann, wenn die betreffende Kollegin oder der betreffende Kollege »auf Linie bleibt«. T. G. H. James ist somit in diesem Problembereich in jedem Fall ein löblicher Vorreiter, der klar Stellung bezieht.

Inhaltlich gibt seine Position freilich Anlaß zur Kritik. Woher weiß James beispielsweise, daß die Keedick-Angaben eine »ungerechtfertigte Interpretation« darstellen? Wann und vor allem wie haben Lee beziehungsweise sein Sohn Robert die Angaben Carters jemals interpretiert? Robert hat freundlicherweise lediglich die Notizen seines Vaters zur Verfügung gestellt. Aus dem Material indes hat er selbst keinerlei Schlußfolgerungen abgeleitet. Bliebe theoretisch noch Thomas Hoving. Doch der kann nicht gemeint sein, da er in die gleiche Kerbe schlägt wie James selbst.

Vergegenwärtigen wir uns noch einmal Hovings persönliche Sicht. Dieser behauptet in seinem Buch: »Selbstverständlich hat Carter keinerlei Papyri oder antike Dokumente welcher Art auch immer im Grab gefunden, geschweige denn solche politischer Natur.« Beim besten Willen läßt sich hier kein Unterschied in der Beurteilung der Exodus-Passage zu James finden. Wer also soll gemeint sein?

Völlig schleierhaft ist und bleibt auch, wie T. G. H. James zu der Überzeugung gelangt, die Hoving-Interpretation »des Keedick-Papiers geht weit über die von Keedick notierten Fakten hinaus ...«. Woher bezieht James bloß seine Informationen? Nichts dergleichen trifft zu. Seine Position ist mit der Hovings absolut identisch – nämlich: Im Tutanchamun-Grab wurden keine Papyrusrollen gefunden. Sollte T. G. H. James die Hoving-Ausführung etwa mißinterpretiert haben?

Wirklich merkwürdig ist hingegen, warum sich sowohl Hoving als auch James (und andere, wie wir sehen werden) in ihren Büchern lediglich auf die »Exodus-Passage« bei ihrer Meinungsbildung und Analyse beziehen. Tatsache ist: Die Keedick-Notizen enthalten einen zweiten Textteil über die im Tut-Grab aufgefundenen Schriftrollen! Aber diese Passage wurde bis heute nur in dem mit meinem Co-Autor Beat Biffiger verfaßten Buch »Der Tut-anch-Amun Skandal« veröffentlicht.

Zu dieser zweiten Erwähnung von Schriftstücken im Tutanchamun-Mausoleum gibt es keinerlei offizielle Einschätzung oder Stellungnahme. Von einer wissenschaftlichen Expertise erst gar nicht zu reden. Ja, für diesen zweiten Teil der Papyri-Erwähnung bei Lee

Keedick konnte ich nicht einmal eine einzige ägyptologische Wertung entdecken. Dabei ist die zweite Erwähnung mindestens genauso bedeutsam wie die erste. Denn durch diesen Textteil gelingt es uns, die bisherigen verschiedenen Angaben zu den brisanten Schriften unter einen Hut zu bringen. Bevor wir diesen Schritt jedoch in Angriff nehmen, müssen wir erst einmal selbst den Inhalt kennenlernen. Er ist im Gegensatz zur Exodus-Passage nicht auf Blatt zwei der Lee-Keedick-Schriften vermerkt, sondern am Ende der dritten Seite. Aber damit beginnt selbstverständlich ein neues Kapitel, ein Kapitel, das aufzeigt, daß sich das Puzzle mehr und mehr zu einem Ganzen fügt ...

Intermezzo XXI

*Die Aktivitäten von Professor Georg Steindorff in Ägypten
sind nicht lückenlos dokumentierbar. So lautet jedenfalls
die Auskunft der ehemaligen Leiterin des Ägyptologischen
Instituts der Universität Leipzig, Frau Professor Blumenthal.*

*Gemäß ihrer Ausführungen hat Georg Steindorff das
Nilland häufig bereist. Aber das Leipziger Institut ist
nicht über jede einzelne Visite informiert. Obwohl
Steindorff am Leipziger Institut bis 1934 Direktor war,
weiß man dort nicht einmal, ob er während der Bergung
von Tutanchamuns Grabinventar in den 20er-Jahren des
20. Jahrhunderts die Ausgräberstätte im Tal der Könige
besucht hat.*

Kapitel 22

Das zweite Dokument

Das unveröffentlichte Keedick-Material

Lee Keedicks zweite Erwähnung der Papyri findet sich auf dem dritten Blatt, das mir sein Sohn Robert freundlicherweise hat zukommen lassen. Dort ist nachzulesen: »Carter vermittelte in seinen Referaten den Eindruck, man wäre persönlich an dem großen Tag dabei gewesen, als erstmalig der Deckel vom Sarkophag abgehoben wurde.« Und dann beschreibt Keedick, was gemäß Howard Carters Erzählungen unter dem Deckel überraschend zum Vorschein kam: »Neben persönlichen Gegenständen«, tippte er dereinst in seine Schreibmaschine, »fand man Papyri geschichtlichen Inhalts aus der Zeit ihrer aufregendsten und kontroversesten Periode.« *(Siehe Anhang 3).*

Ich habe bereits dargelegt, daß es zu dieser Passage keinerlei offizielle Stellungnahme der Ägyptologie gibt. Nicht einmal so wissenschaftlich unfundierte wie jene Statements von Hoving oder James. Fakt ist freilich: Es gibt bemerkenswerte Übereinstimmungen sowohl mit den Angaben von Howard Carter als auch mit jenen des Leipziger Professors Georg Steindorff.

Identisch ist der Fundraum: Carter hat ja zumindest in seinem zweiten Vorberichts-Band eingeräumt, daß er neben dem vermeintlichen Schriftrollenfund in der Vorkammer bei der Mumie »Reste eines kleinen Papyrus« entdeckt hat. Somit bestätigt der Ausgräber, daß er das Papyrusfragment in der Sargkammer lokalisierte. Nichts anderes behaupten auch Steindorff und Keedick.

Über den Fundort besteht zwischen allen drei Angaben ebenfalls absolute Einigkeit: Die Schriftstücke wurden jeweils im Sarkophag Tutanchamuns entdeckt. Aber es gibt auch einen erheblichen Unterschied zwischen den Aussagen. Bei Carter und Steindorff ist von einem »Totenbuch«-Papyrus die Rede, also von einem religiösen Inhalt der Schriftstücke. Keedick behauptet hingegen, die Texte würden Auskunft über historische Abläufe geben. Sollten allerdings die von ihm erwähnten Rollen tatsächlich den biblischen Exodus zum Inhalt haben, könnte man wahrlich von einer ebenfalls religiösen Schilderung sprechen.

Das läßt sich jedoch nicht verifizieren. Uns mangelt es an jedem Hinweis darauf, ob die zweite Passage in direktem Zusammenhang mit den »Exodus-Papyri« steht. In Keedicks Aufzeichnungen stehen beide Informationen jedenfalls auf separaten Seiten. So sind die Zeilen über die »Exodus-Papyri« auf Seite 2 zu finden, der Satz über die Rollen im Sarkophag steht hingegen erst auf dem dritten Blatt im letzten Absatz.

Völlig im Dunkeln bleibt auch das Motiv Carters, Lee Keedick über die Existenz von brisanten Schriftrollen im Grab Tutanchamuns in Kenntnis zu setzen. Warum teilte er sein Geheimnis mit ihm? Es ist nicht bekannt, daß die beiden ein besonders inniges Verhältnis miteinander gehabt hätten. Im Gegenteil: Legt man Keedicks Notizen zugrunde, so spricht daraus eher dessen Ablehnung der Person des Ausgräbers. Es macht einfach keinen Sinn – auch dann nicht, wenn man Carters Vorliebe, Streiche zu spielen, berücksichtigt. Worin sollte die Pointe bestehen? Andererseits weiß die Psychologie sehr wohl, daß sich Menschen in einer persönlichen Notlage oftmals an entfernte Bekannte oder fremde Menschen wenden anstatt an Personen aus ihrem engeren Umfeld.

Freilich sind das nicht die einzigen offenen Fragen in diesem Zusammenhang. Merkwürdig ist unter anderem auch, daß Harry Burtons in-situ-Fotos von der Sarkophag-Öffnung 1925 keine Schriftrollen zeigen. Wohl aber sind auf einem Teil von ihnen eigenartige Licht- und Schattenwürfe zu sehen. Zumindest ein Teil von ihnen könnte die Umrisse zylindrischer Schriftrollen zeigen. Und schließlich: Vielleicht existieren gar keine Aufnahmen von den Texten – wie im Falle des von Carter eingestandenen Papyrusfragments an der Mumie. Selbstverständlich könnte der Mann auch ein neues Lügengeflecht aufgebaut haben – vielleicht, um den wahren Inhalt der Textbündel zu vertuschen?

Besondere Beachtung verdient der Umstand, daß heute anscheinend niemand mehr im vollständigen Besitz der Keedick-Papiere ist. Auf dem Schwarzmarkt für Informationen wird bereits Geld für die Unterlagen geboten. So hat mir erst vor wenigen Monaten ein bekannter englischer Publizist Geld für die Keedick-Unterlagen offeriert. Der Mann kann jetzt die Blätter zum Billigtarif erwerben. Sämtliche mir vorliegenden Seiten sind im Anhang dieses Buches als Faksimile wiedergegeben.

Zumindest außergewöhnlich ist, daß alle mir bekannten Zunftgenossen, die sich ebenfalls mit den verschwundenen Papyri des

Tutanchamun befassen, kein Sterbenswörtchen über die zweite Keedick-Textstelle verloren haben. Vielleicht haben sie lediglich gezielt nach der von Thomas Hoving wiedergegebenen »Exodustextstelle« gefragt. Bedauerlich, daß T. G. H. James die zweite Keedick-Notiz nicht gleich mitkommentiert hat. So schweigt die Ägyptologie in diesem wichtigen Fall erneut kollektiv. Warum nur? Es wäre ihr ein Leichtes, polemisch den Wahrheitsgehalt der Schriften von Carters amerikanischem Manager abzustreiten. Aber erneut entscheidet sich diese Wissenschaftsdisziplin für Ignoranz. Doch das ist für uns nichts Neues.

Fundunterdrückung und Informationszurückhaltung haben in der Ägyptologie eine lange, unrühmliche Tradition. Und erst recht, wenn es um das Tal der Könige geht. Aber freilich nicht nur dort.

Intermezzo XXII

Gerüchte sind zäh und langlebig – und sie haben häufig mit der Wahrheit nichts gemein. So existiert ein nicht auszurottender Irrglaube, Schriftrollen aus Papyrus seien wegen ihrer Verarbeitung und Beschriftung »fälschungssicher«.

Wie viele Privatsammler und staatliche Institutionen aus diesem Irrglauben heraus schon auf Offerten dubioser Herkunft hereingefallen sind, läßt sich nicht schätzen. Doch hat es den Anschein, als könnte man die Zahl nicht hoch genug ansetzen.

So besitzt die weltberühmte Wiener Papyrussammlung rund 180 000 Objekte. Darunter befinden sich nach letzten Schätzungen auch mindestens 1 000 Schriftstücke, seien es Papyri oder Pergamente, die als gefälschtes Schriftgut identifiziert wurden. Die Zahl klingt niedrig. Aber man stelle sich vor, die Entdeckung ist ausschließlich hochkarätigen Experten gelungen. Um wieviel Prozent mehr wird diese Fehlerquote erst bei Privatsammlungen betragen?

Allerdings sollte man nicht davon ausgehen, daß die Fälscher die Wiener Spezialisten nach Belieben austricksen können: Die hohe Rate an Fälschungsgut resultiert größtenteils aus dem Ankauf ganzer Sammlungen am Ende des 19. und zu Beginn des 20. Jahrhunderts. Diese waren teilweise mit Fälschungen durchsetzt, deren Miterwerb man notgedrungen in Kauf nahm. Andernfalls hätten nämlich andere Bieter den Vorzug erhalten.

Kapitel 23

Lug und Trug
im Tal der Könige

Das Märchen vom »verlorenen Grab« KV 5

Howard Carter war nicht der einzige, der (vornehm ausgedrückt) die Wahrheit etliche Male verbog, und er war vor allem leider nicht der letzte. Lug und Trug im Tal der Könige haben sich nahtlos fortgesetzt.

Seit der Freilegung von Tutanchamuns Gruft 1922 wurden im »Tal« zwei weitere Anlagen entdeckt: Noch im 20. Jahrhundert die Syringe KV 5, und 2006 beherrschte die (vorerst) letzte Entdeckung, KV 63, die archäologischen Medienberichte.

KV 5 zählte einst zur Gruppe der »verlorenen Gräber«. So bezeichnen Altertumsforscher antike Ruhestätten, die bereits bei früheren Grabungskampagnen lokalisiert wurden, später aber infolge von Überschwemmungen, Erdbeben oder achtloser Zuschüttung durch nachfolgende Grabungsteams wieder von der Bildfläche verschwanden. Erst in den 80er-Jahren des 20. Jahrhunderts gelang dem amerikanischen Ägyptologen Kent Weeks mit Hilfe alter Quellen die Wiederentdeckung der verlorenen Gruft KV 5. Doch die Anlage umrankt ein seltsames Geheimnis: Ein Blick in Experten-Publikationen offenbart gravierende Widersprüche in der Entdeckungsgeschichte.

Kent Weeks liebäugelte schon längere Zeit mit der Absicht, KV 5 aufzuspüren und wissenschaftlich zu erkunden. Aus Zeitmangel hatte er dieses Vorhaben jedoch mehrfach zurückstellen müssen. Plötzlich aber war rasches Handeln geboten. Denn »1989 erfuhren wir von den Plänen der ägyptischen Altertümerverwaltung, die Straße am Eingang zum Tal der Könige zu verbreitern«, wie Weeks 1998/1999 in seinem Entdeckungsreport »Ramses II. – Das Totenhaus der Söhne« vermerkt.

Besonders hilfreich war dem US-Amerikaner bei der Suche eine Skizze des britischen Forschers James Burton. »Burton«, so schreibt Kent Weeks in seinem Buch, »war vielleicht der erste Mensch seit der Antike, der KV 5 betreten hatte – einer von nur zwei oder drei

Europäern, die dies vor unserer Wiederentdeckung im Jahre 1989 getan hatten.«

Weeks weiter: Noch »1989 erteilte uns die Altertümerverwaltung die Erlaubnis«, der Suche nach KV 5 eine Grabungskampagne zu widmen. »Im Sommer begannen wir dann mit der Arbeit.«

Zunächst versuchte das Team, mittels geophysikalischer Techniken das fragliche Areal zu untersuchen. Aber die gewonnenen Erkenntnisse waren mehr als dürftig. Also wandten sich die Antikenfahnder der altmodischen archäologischen Methode zu: der Ausgrabung mit Spitzhacke und Schaufel. Und im selben Sommer noch – an einem Donnerstag – kam die erste Stufe zu KV 5 zum Vorschein.

Aber führte die Steintreppe tatsächlich zu KV 5? Die Zweifel konnten rasch beseitigt werden, »denn der im Jahre 1825 von James Burton angelegte Tunnel war«, wie Weeks angibt, »immer noch da, auch nach 164 Jahren«. Und noch ein Detail identifizierte dieses Grab eindeutig als das verschollene KV 5: In den 50er-Jahren des 19. Jahrhunderts hatte der Deutsche Carl Lepsius ebenfalls den Zugang zu KV 5 inspiziert und dabei festgestellt, daß auf den Türpfosten eine Kartusche mit dem Namen Ramses II. prangt. Und tatsächlich: In der oberen Hälfte der Türeingrenzung wurde »beim Schein der Taschenlampe« der erheblich verwitterte Königsname sichtbar.

Der Entdeckerfreude folgte schweißtreibender Grabungsalltag. Erst »fünf Jahre nach der Entdeckung des Eingangs von KV 5 war es uns 1994 gelungen, etwa drei Viertel von Raum 1 und zwei Drittel von Raum 2 freizulegen«, ist in Kent Weeks' Bericht nachzulesen.

Diese lange Zeitspanne verwundert nicht, war doch KV 5 statt mit kostbaren Schätzen überwiegend mit Schutt und Geröll angefüllt. Entsprechend gering war natürlich das öffentliche Interesse an dem Fund.

Das änderte sich schlagartig 1995, als das Team der Weltöffentlichkeit im Rahmen einer Pressekonferenz mitteilte, daß KV 5 aus mehr Kammern als den beiden bisher freigelegten Räumen bestand – aus weitaus mehr sogar. Es ist schier unglaublich: Bis zur Drucklegung seines Buches hatte Kent Weeks bereits über hundert Kammern, Nischen und Gänge registriert. Insgesamt rechnet der US-Archäologe sogar mit rund hundertfünfzig Räumen.

Es gibt nicht viele Pharaonengräber, die auch nur zehn Prozent dieser Ausdehnung erreichen. KV 5 entpuppte sich damit als die bei weitem größte jemals in Ägypten aufgefundene Grabanlage. Warum aber ist KV 5 derart überdimensioniert? Das Motiv liegt in seiner

Zweckbestimmung. Die Super-Gruft sollte als eine der wenigen Ausnahmen im Biban el-Moluk keinem Pharao als letzte Ruhestätte dienen. Vielmehr beabsichtigte Potentat Ramses II. in dieser Felsenanlage seine männliche Nachkommenschaft zu beerdigen – und die war wahrlich vielköpfig. Glaubt man den altägyptischen Annalen, zeugte der große Ramses nicht weniger als fünfzig Söhne!

Seit KV 5 zum »Riesenmausoleum« mutierte, nimmt der Grabungsfortgang natürlich breiten Raum in der Medienberichterstattung ein. Doch kaum ein Journalist hat darüber berichtet, daß Kent Weeks' Schilderung der Grabentdeckung in chronologischer Hinsicht – wieder vornehm ausgedrückt – erhebliche Ungereimtheiten aufweist. Es ist dasselbe Lied, dieselbe alte Geschichte wie in den Tagen der Tutanchamun-Entdeckung, denn entgegen der oben zitierten mehrfachen Versicherungen von Weeks in seinem Buch wurde KV 5 nicht erst 1989 wiederentdeckt.

Den Widersprüchen auf die Spur brachte mich ein »Reader's Digest«-Artikel von Fergus M. Bordewich. In seinem Beitrag »Lüften Computer die Geheimnisse der Pyramiden?« schreibt er unter anderem: »So hat ein Team der Universität von Kalifornien in Berkeley im Dezember 1986 das Grab der Söhne des großen Pharaos und Kriegers Ramses II. geortet, das hundert Jahre lang vergessen gewesen war. Zu verdanken war die Wiederentdeckung vor allem einem Handmagnetometer, einem Instrument, mit dem man die Stärke des Magnetfeldes in Steinen unter der Erde messen kann und das durch ein elektrisches Signal mitteilt, wenn man im Untergrund auf eine Lücke – oder ein Tor – stößt.«

Man traut seinen Augen nicht. Was Bordewich hier in wenigen Sätzen darstellt, widerspricht eklatant Weeks Entdeckungsgeschichte: Zwischen Dezember 1986 und Juli 1989 liegen gut zweieinhalb Jahre Zeitdifferenz! Bordewich muß demnach ein Irrtum unterlaufen sein, denn es ist natürlich unmöglich, daß ein Autor bereits von einem Fund berichtet, der gemäß persönlicher Angaben des Entdeckers erst 1989 erfolgte.

Selbstredend ist Bordewich kein Fehler unterlaufen. Der Beweis: Sein Artikel erschien in »Reader's Digest« Nr. 11/1988. Die Publikation kam also auf den Markt, als Kent Weeks seinem eigenen schriftlichen Bekunden zufolge noch nicht einmal um Erteilung einer Grabungskonzession für das »Projekt KV 5« bei den zuständigen Stellen nachgesucht hatte.

Erinnern wir uns: Weeks behauptet: »1989 erfuhren wir von den

Plänen der ägyptischen Altertümerverwaltung, die Straße am Eingang zum Tal der Könige zu verbreitern.« Und Weeks bestätigt zusätzlich, daß das »für uns Motivation genug« war, »um der Suche nach KV 5 eine Grabungskampagne zu widmen«. Kent Weeks' Bemühungen waren von Erfolg gekrönt. Zu Recht erfreut, läßt er seine Leser wissen: »1989 erteilte uns die Altertümerverwaltung die Erlaubnis dazu. Im Sommer begannen wir dann mit der Arbeit.«

Wann also wurde KV 5 tatsächlich wiederentdeckt? Bezeichnenderweise widersprechen sich auch die Ägyptologen in ihren Publikationen. Aidan Dodson von der Universität Bristol nennt das Jahr 1987. Nicholas Reeves, ebenfalls Schriftrollenfahnder, wie wir noch sehen werden, spricht gar von 1985. Das Chaos um die Auffindung der Syringe rundet die an der Universität Liverpool tätige Expertin Joyce Tyldesley ab. Die Dame spricht von 1989.

Es ist schier unglaublich: Da wird im geheimnisträchtigen Tal der Könige das größte Antikengrab des gesamten Landes wiederentdeckt, und rund 15 Jahre später haben die Experten keinen Schimmer davon, wann diese Sensation tatsächlich stattgefunden hat – offensichtlich nicht einmal mehr der Entdecker selbst. In seinem populärwissenschaftlichen Buch hat es Kent Weeks jedenfalls tunlichst unterlassen, das genaue Tagesdatum seines Ausgräberglücks zu nennen.

Noch weitaus mysteriöser wird die KV-5-Affäre, wenn man die Fundgeschichte betrachtet. Erinnern wir uns wieder, was Bordewich in seinem »Reader's Digest«-Artikel vermerkte: »So hat ein Team von der Universität von Berkeley im Dezember 1986 das Grab der Söhne des großen Pharaos und Kriegers Ramses II. geortet, das hundert Jahre lang vergessen gewesen war. Zu verdanken war die Wiederentdeckung vor allem einem Handmagnetometer, einem Instrument, mit dem man die Stärke des Magnetfeldes in Steinen unter der Erde messen kann und das durch ein elektrisches Signal mitteilt, wenn man im Untergrund auf eine Lücke – oder ein Tor – stößt. «

Auch Kent Weeks geht in seinem Buch auf diese Feldkampagne 1986, an der er in der Tat selbst teilgenommen hat, relativ ausführlich ein. Allerdings stellt sich bei ihm das Ergebnis völlig anders dar. »1986«, schreibt der US-Ausgräber, »versuchten wir es … mit anderen geophysikalischen Techniken; wir setzten ein Bodenradar ein sowie die Seismographie und die Magnetometrie. Die beiden ersten Verfahren führten zu keinen Ergebnissen. Aber das Magnetometer … lieferte tatsächlich verwertbare Ergebnisse.« Und dann folgt die entscheidende Passage: »Zweimal konnten wir auf diese Weise kleine, senkrechte

Schachtgräber lokalisieren.« Es handelte sich dabei, wie der Professor spezifiziert, um »die Schachtgräber 48 und 49«.

Über KV 5 aber verliert Weeks in diesem Zusammenhang kein Wort. Mehr noch: KV 5 bleibt in seiner Schilderung der Aktivitäten des Jahres 1986 – die in seinem Buch immerhin eine vollständige Druckseite umfaßt – gänzlich unerwähnt. Eine Aufklärung über die eklatanten Unterschiede zwischen Bordewichs Darstellung und Weeks Schilderung gibt es nach meinen Kenntnissen bis zum heutigen Tage nicht.

Sehr wohl aber gibt es eine Meldung der Nachrichtenagentur »associated press« (AP) vom 3. März 1987, die weitere Verwirrung auslöst. Die Verfasserin, Mimi Mann, berichtet darin, daß ein US-Team mit hochmodernen Geräten zwei der verlorenen Gräber lokalisiert hat. »Die letzte Entdeckung, möglicherweise das Grab der Söhne Ramses II.«, fand sich im Januar. Der Leiter des Teams: Sie ahnen es bereits, lieber Leser – Kent R. Weeks!

War nun KV 5 doch bereits 1987 lokalisiert worden? Oder handelte es sich doch nicht um KV 5? Bezog sich Manns Bericht auf die – allerdings schon 1986 – von Weeks georteten Anlagen KV 48 und KV 49? Ich habe in Weeks' Buch keine Stellungnahme oder Richtigstellung bezüglich des AP-Artikels gefunden.

Breiten Raum nimmt bei Kent Weeks hingegen die Schilderung des Magnetometer-Einsatzes im Rahmen seiner »1989« durchgeführten Exkursion nach KV 5 ein. Und »wieder lieferte nur das Magnetometer annähernd verheißungsvolle Ergebnisse. Wir erhielten Meßwerte, die auf Hunderte von Unregelmäßigkeiten in nicht genau festgelegten Abständen auf dem ganzen Hang hinwiesen. ... All das zusammen ergab ein scheinbar sinnloses Durcheinander von Meßwerten. ... Also verzichteten wir ein wenig frustriert auf den weiteren Einsatz der modernen Technik und wandten uns der altmodischen archäologischen Methode zu: der Ausgrabung mit Spitzhacke und Schaufel.«

Während Bordewich dem Hightech-Einsatz bei der Suche nach KV 5 also eine Schlüsselrolle zubilligt, betont Weeks, daß die Verwendung der Ortungssonden letztlich wegen des sinnlosen Wirrwarrs der Meßresultate sogar enttäuscht eingestellt wurde – ein weiterer elementarer Unterschied in der Darstellung der Wiederentdeckung.

Doch es kommt noch besser: Anhand von Bordewichs Artikel läßt sich nämlich dokumentieren, daß KV 5 nicht nur vor 1989 geortet wurde. Vielmehr war die Gruft zum Zeitpunkt der Veröffentlichung seines Berichts im November 1988 bereits eindeutig identifiziert.

Wie sonst hätte der Autor wissen und schreiben können, daß es sich um »das Grab der Söhne des großen Pharaos und Kriegers Ramses II.« handelte? Mit anderen Worten: KV 5 war nachweislich bereits identifiziert – und somit im Eingangsbereich freigelegt –, als Kent Weeks seinen eigenen Ausführungen zufolge überhaupt erst mit der Suche nach dem Grab begann!

Wenn aber Bordewich bereits im November 1988 die Wiederentdeckung von KV 5 sowie den Bauherren und die Grabeigentümer publik machen konnte, müssen die entsprechenden ägyptologischen Forschungen bereits geraume Zeit vorher begonnen haben. Und genau das taten sie auch. Jedenfalls behauptet das einer der bekanntesten Ägyptologen der Gegenwart, der Engländer Nicholas Reeves.

Reeves schreibt in seinem 2001 erschienenen Buch »Faszination Ägypten« über KV 5: »Schon seit dem frühen 19. Jahrhundert, nach der Untersuchung der ersten drei mit Schutt gefüllten Kammern durch den britischen Ägyptologen James Burton im Jahr 1825, hatte der Komplex teilweise freigeräumt offen gelegen. Allerdings wurde der Eingang zu Beginn des 20. Jahrhunderts wieder verschüttet und blieb bis zur Wiederauffindung 1985 durch den Amerikaner Kent Weeks auch verborgen. Als dann 1987 die intensiven Grabungen begannen, wurden die immensen Ausmaße der Anlage erstmals deutlich.«

Sollten Reeves' Ausführungen zutreffen, dann ist entweder die ägyptische Altertümerverwaltung die desolateste Antikenbehörde der Welt oder Kent Weeks' Entdeckungsbuch in Teilen nichts anderes als ein weiterer ägyptologischer Märchenschmöker. Immerhin klafft zwischen den Angaben von Weeks und Reeves eine chronologische Spanne von nicht weniger als vier Jahren – das ist fast ein halbes Jahrzehnt Differenz!

Ich glaube Kent Weeks gerne, daß er für seine Suche nach KV 5 von den zuständigen Institutionen 1989 eine Genehmigung erhalten hat. Das muß jedoch längst nicht bedeuten, daß er KV 5 nicht schon bei seinen vorherigen Aktivitäten im Tal der Könige aufgespürt hat.

Denken wir nur an die Reeves-Angaben: Der Engländer spricht bereits ab 1987 von »intensiven Grabungen« in KV 5. Soll man im Ernst annehmen, daß diese Arbeiten dem Antikenamt verborgen blieben? Sollen wir ferner wirklich glauben, daß die zuständige staatliche Aufsichtsbehörde jahrelang keine Kenntnis davon erhielt, daß im Tal der Könige ein »neues« Grab lokalisiert und geöffnet worden ist? Und soll man schließlich Weeks abnehmen, daß ihm die ägyptische Antikenverwaltung 1989 die Genehmigung zur Suche nach einem bereits Jahre zuvor entdeckten Mausoleum erteilte? Für wie blauäugig hält man uns eigentlich?

Denken wir nur an Weeks' Behauptung, »erst … fünf Jahre nach der Entdeckung des Eingangs von KV 5 war es uns 1994 gelungen, etwa drei Viertel von Raum 1 und zwei Drittel von Raum 2 freizulegen.« Treffen die Darlegungen von Bordewich und Reeves zu, ist auch diese Behauptung nicht zu halten – es sei denn, man säuberte zwischen 1985 und 1989 nicht die beiden ersten Räume. Doch was geschah dann in diesem Zeitraum unter Tage?

Und genau darum geht es jetzt: Wie im Falle der Schriftrollen in Tutanchamuns Grab ist die Ägyptologie am Zug! Sie ist gefordert, die genauen Umstände der Wiederentdeckung von KV 5 und dessen archäologische Erforschung chronologisch und historisch lückenlos darzustellen. Es gibt Grabungsprotokolle und amtliche Schriftstücke. Und es muß auch Quellen geben, aus denen die verschiedenen Ägyptologen zu ihren unterschiedlichen Informationen gekommen sind. Aus all dem sollte es möglich sein, die Abläufe relativ realistisch und wahrheitsgemäß schildern zu können. Dadurch ließe sich recht rasch klären, welche Version des Ausgrabungsablaufes den Tatsachen entspricht.

Wie immer auch diese Wahrheit aussehen mag, die Ägyptologie hat die Pflicht und Schuldigkeit, dem hier herrschenden Aufklärungs-bedarf ebenso Rechnung zu tragen wie im Falle der verschollenen Schriftrollen. So jedenfalls, wie die Ereignisse um KV 5 bisher geschildert werden, können sie sich in weiten Teilen nicht abgespielt haben. Und wenn man schon bei den Erklärungen ist, soll man doch bitte gleich miterläutern, warum KV 5 in den 80er-Jahren überhaupt noch als »verlorenes Grab« galt. Über meinem Schreibtisch prangt jedenfalls eine Karte vom Tal der Könige, die ich bereits in den 70er-Jahren im Berliner Ägyptischen Museum erwarb. KV 5 ist darin millimetergenau an der Stelle eingezeichnet, wo es Kent Weeks etliche Jahre später lokalisierte. Wer's nicht glaubt, kann aber auch das »Lexikon der Ägyptologie, Band III« (Harassowitz-Verlag) zur Recherche heranziehen. Dort befindet sich auf einer Karte des Tals KV 5 just an jenem Punkt, an dem die Gruft auch in der Karte von Weeks' Buch markiert ist. So weit, so gut, die Sache hat nur einen Schönheitsfehler: Das Lexikon erschien bereits 1980 – soviel zum Thema »verlorenes Grab«.

Von alledem einmal abgesehen: Für wen wurde der KV-5-Komplex eigentlich aus dem Fels geschlagen? Meist ist zu lesen, die Super-Krypta sei zumindest für einen Teil der Söhne Ramses II. angelegt worden. Papa Ramses hat, glaubt man den antiken Inschriften, wahrlich genug Prinzen gezeugt. Über vierzig Söhne waren es mindestens, vielleicht sogar mehr als fünfzig. Theoretisch könnten sie sämtlich in KV 5 zur Ruhe gebettet worden sein. Bei etwa hundert Kammern kein Problem, möchte man meinen. Dem ist aber nicht so. Vielmehr sind an dieser Theorie aus Fachkreisen berechtigte Zweifel angemeldet worden, konnten doch insgesamt erst fünf Söhne namentlich in KV 5 nachgewiesen werden. Basierend auf diesem Faktum kommt der Ägyptologe Aidan Dodson folgerichtig zu dem Schluß: »Für fünf Personen ist die Anlage entschieden zu groß konzipiert.«

Damit schwimmt Dodson gegen den ägyptologischen »mainstream« und führt dazu noch ein weiteres Argument ins Feld: »Nur in einigen wenigen Räumen von KV 5 fanden sich eindeutige Hinweise darauf, daß sie als Sargkammer gedient haben könnten.« Die über siebzig Kammern entlang der Korridore seien schlicht und einfach zu klein für einen Sarg und gäben auch sonst nicht klar zu erkennen, »wofür sie hätten vorgesehen sein können«. Daß der an der Universität Bristol tätige Experte Recht hat, ergibt sich schon aus logischer Überlegung. Es ist wohl kaum vorstellbar, daß die alten Ägypter KV 5 buchstäblich mehrere Male öffneten und anschließend wieder neu vermauerten, bis sämtliche Ramses-Sprößlinge bestattet waren. Das hätte wohl einen Zeitraum von zwanzig, dreißig oder gar vierzig Jahren umfaßt.

Zieht man die Ungereimtheiten um KV 5 als Vergleich heran, erkennen wir rasch, daß sich seit den Zeiten Howard Carters offensichtlich nicht allzuviel verändert hat. Hier wie dort, heute wie einst: Erklärungen, die einer gezielten Überprüfung nicht standhalten. Ein gravierender Unterschied allerdings besteht: Im Falle Tutanchamuns geht es um Schriftrollen – worum es im Falle KV 5 geht, wissen wir nicht. Aber daß Papyri vor der Öffentlichkeit verborgen werden, läßt sich an einem harmlosen, aber delikaten Schriftstück dokumentieren. Es wird in Turin unter der Nummer 55001 verwahrt.

Intermezzo XXIII

Bei der Beschäftigung mit Komplex KV 5 ist der Ägyptologe
Aidan Dodson noch auf ein weiteres interessantes Detail
gestoßen, das die Mutmaßung zuläßt, daß uns die größte
Entdeckung im Zusammenhang mit dem Groß-Mausole-
um im Tal der Könige vielleicht erst noch bevorsteht.
Diese Vermutung kommt auf, wenn man sich sowohl den
Grundriß des Grabes als auch eine Karte des unmittelbaren Umfelds der Gruft betrachtet: Am auffälligsten sind
die beiden Korridore, die parallel zum Eingang »zurück«
in das Tal der Könige führen. »Wo sie enden, weiß bis
heute noch niemand«, konstatiert Dodson.
Allerdings kursiert unter den Experten eine Theorie, die
durchaus zutreffen könnte. Verlängert man nämlich die
beiden rückwärtig führenden Gänge auf einer Karte, so
enden sie im diagonal gegenüberliegenden KV 7 – dem
Grab Ramses' II.
In Fachkreisen wird deshalb auch nicht mehr ausgeschlossen, daß beide Anlagen miteinander verbunden sein
könnten. Ob lediglich durch eine geheime Passage oder gar
durch eine unterirdische, verborgene Anlage, kann derzeit
niemand vorhersagen.

Kapitel 24

Die »Top-Secret-Politik« der Ägyptologie

Fundunterdrückung statt Informationsfreiheit

Das Ägyptische Museum in Turin ist die älteste Einrichtung seiner Art. Im Vergleich zu den großen Ägypten-Sammlungen des New Yorker Metropolitan Museums oder des Pariser Louvre erfreut sich die Ausstellung in der norditalienischen Industriemetropole jedoch deutlich geringeren Zuspruchs. Dabei lohnt der Besuch allemal. Viele der Exponate sind in ihrer Art einmalig und wirklich sehenswert.

Diese Attribute treffen auch auf den Papyrus 55001 des Museums zu. Das Schriftstück bringt es auf die stolze Länge von immerhin 2,59 Meter und ist zwanzig Zentimeter hoch. Doch von den stark fragmentisierten zweieinhalb Metern bekommt der interessierte Besucher lediglich einen Ausschnitt zu sehen. Darauf erkennbar sind lustige, Cartoonzeichnungen nicht unähnliche Tierdarstellungen – nett anzusehen, aber auch nicht mehr.

Vergeblich blickt sich der kundige Betrachter jedoch nach dem zweiten Teil des »Turiner Papyrus«, wie er meist genannt wird, um. Der ist nämlich in der Exponaten-Schau gar nicht ausgestellt. Und angeblich wurde er es auch noch nie – obwohl er sich schon seit fast zweihundert Jahren im Besitz des Museums befindet. Der Grund: Der zweite Teil von Nr. 55001 zeigt pornografische Darstellungen.

Begonnen hat alles in Deir el-Medineh. Die kleine Siedlung auf westthebanischem Gebiet liegt genau zwischen den beiden berühmtesten ägyptischen Friedhöfen, dem Tal der Könige und dessen Pendant, dem Tal der Königinnen. Dort wohnten die Handwerker und Künstler, die die prächtigen Königsgräber der Pharaonen schufen.

Auf dem nahegelegenen Friedhof des Dorfes fand ein vom italienischen Konsul Bernardino Drovetti finanziertes Grabungsteam um 1825 einige antike Texte, darunter auch den Papyrus 55001. Drovetti verkaufte seine Funde wiederum an das archäologische Institut von Turin.

Dort zeigte sich alsbald: Die voreilige ursprüngliche Annahme, es handle sich um ein Totenbuch, war nicht länger zu halten. Was da zum Vorschein kam, waren vielmehr zwölf Bilder, die meist als »erotische Abbildungen« umschrieben werden. Doch von wegen »erotische Abbildungen«. Die delikaten Zeichnungen sind knallharte pornografische Darstellungen. Bis hin zum coitus a tergo wird nichts tabuisiert. Fraglos die ungewöhnlichste Szene zeigt Bild Nummer 11. Ungeniert sieht man hier ein Paar beim Sex auf einem Streitwagen, der von zwei Mädchen gezogen wird.

Angesichts der Obszönität des Papyrus war guter Rat teuer. Wie war in der sittengestrengen damaligen Epoche mit diesem »Dokument der Zügellosigkeit« zu verfahren? Für die Museumsoberen gab es nur eine Entscheidung: Der Porno-Papyrus wanderte in den »Giftschrank«. Dort verblieb das anstößige Objekt, zwischen Glasplatten gepreßt, den Augen der Zunft und der Öffentlichkeit entzogen. Es floß viel Wasser den Po hinab, bis sich selbst unter den Fachwissenschaftlern die Existenz von Papyrus 55001 herumgesprochen hatte.

In den ersten hundert Jahren nach der Einlagerung des Turiner Papyrus' 55001 wurde das Fundstück dann zumeist konsequent ignoriert – genau wie im Falle der Keedick-Unterlagen und der Steindorff-Aussage. Bestenfalls gab es eine knappe Erwähnung, beispielsweise in dem 1959 erschienenen »Lexikon der ägyptischen Kultur« von Georges Posener. »Aus Schicklichkeitsgründen«, wird dort noch behauptet, könne das Turiner Museum den berüchtigten Papyrus nicht öffentlich zeigen.

Doch die Wahrheit war noch schlimmer: Nicht genug, daß der Papyrus unter Verschluß blieb, er war auch seit seiner Entdeckung wissenschaftlich nicht bearbeitet worden! Damit war der Skandal perfekt, was aber dann doch den Unmut einiger wackerer Vertreter der Ägyptologengemeinde hervorrief. So vertrat der Leipziger Experte Siegfried Morenz 1968 die einzig richtige Haltung, als er meinte: »Der Papyrus zwingt uns allein durch seine bloße Existenz dazu, von ihm Kenntnis zu nehmen und ihn wissenschaftlich zu bewältigen.« Diese Aufgabe übernahm nur wenig später der Schweizer Ägyptologe und Mediziner Joseph Omlin. Bereits 1973 legte er seine Arbeitsergebnisse vor. Es heißt, Omlins Werk sei auch heute noch die einzige umfassende Facharbeit über den Papyrus Turin Nummer 55001.

Der Papyrus selbst aber scheint lediglich die Spitze des Eisbergs zu sein. Lise Manniche, Ägyptologin und Verfasserin des Buches »Liebe und Sexualität im alten Ägypten«, ist jedenfalls der Meinung, daß noch gleichartige Papyri ans Tageslicht kommen könnten. Entweder aus einer aufgelösten Privatsammlung oder, was sie für noch wahrscheinlicher hält, in einem Museumsarchiv.

Das Beispiel des Turiner Papyrus 55001 zeigt uns, aus welch' banalen Gründen heraus bereits Funde mit dem ägyptologischen »Top-Secret-Stempel« versehen werden. Wieviel rigider da noch mit Texten verfahren wird, die möglicherweise sogar drei aktuelle Weltreligionen betreffen, können wir uns unschwer ausmalen. Denn wie dilettantisch die Ägyptologie mit neuen Entdeckungen auch heute noch umgeht, soll uns ein letztes Beispiel zeigen, das das gesamte Jahr 2006 hindurch für Schlagzeilen, Spekulationen und Streitereien sorgte. Gemeint ist KV 63, die bisher jüngste Entdeckung im Tal der Könige. Hier führt sich die Altertumsforschung regelrecht selbst ad absurdum, denn man hat etwas entdeckt, die Experten wissen aber nicht, was. Auch wer der Entdecker ist, ist noch immer Gegenstand von Zwistigkeiten. Und um dem Ganzen die Krone aufzusetzen: Wie im Fall von KV 5 ist völlig unklar, wann die Lokalisierung der Anlage eigentlich gelang. Eines allerdings hat wieder funktioniert – die völlig überflüssige Geheimniskrämerei.

Intermezzo XXIV

Wem gehörte KV 5 ursprünglich? Die Archäologen haben Grund zu der Annahme, daß der Eingangsbereich des Grabes bereits zur Zeit der späten 18. Dynastie (ca. 1334 – 1293 v. Chr.) und nicht erst während der Regierungszeit von Ramses II. (ca. 1279 – 1212 v. Chr.) angelegt wurde. Besonders der steil abfallende Zugang, der direkt in die erste Kammer einmündet, spricht für diese Theorie.

Die Gräber der 19. Dynastie bestehen dagegen überwiegend aus langen Korridoren, die praktisch direkt in den Sargraum führten. Begründet haben diesen neuen Grabtypus bereits Tutanchamuns unmittelbare Nachfolger Eje und der letzte Herrscher der 18. Dynastie, Horemhab. Deshalb liegt die Vermutung nahe, daß noch Tutanchamun den Baubeginn von KV 5 veranlaßte. Wer sollte hier ursprünglich bestattet werden? Tutanchamun selbst? Warum wurde die Arbeit an der Gruft eingestellt? Und warum wurde die »Bauruine« von Ramses dem Großen wieder genutzt?

War KV 5 ursprünglich gar kein Grab, sondern vielmehr ein Sammelpunkt für die Grabbeigaben, die man nach der Bestattung des Pharaos in die restlichen Kammern seiner Gruft transportierte?

Falls dem so gewesen sein sollte, könnten auch die Papyri aus Tutanchamuns Grab für kurze Zeit in einer der ersten beiden Kammern von KV 5 eingelagert gewesen sein. Aber das wird sich leider nie beweisen oder widerlegen lassen …

Kapitel 25

Vertuscht, verschwiegen, verschleiert

Die KV-63-Farce:
Was wurde wann von wem gefunden?

Die archäologische Bombe platzte am 8. Februar 2006: Zeitgleich verbreiteten mehrere Nachrichtenagenturen die Meldung von der Entdeckung eines neuen Grabes im Tal der Könige. Ihre Informationen darüber hatten die Journalisten von dem Entdecker des Grabes, dem US-Amerikaner Otto Schaden, und natürlich von »Ägyptens letztem Pharao«, Zahi Hawass, dem Chef der ägyptischen Altertümerverwaltung, erhalten.

Die Pressekonferenz hätten sich die Herren eigentlich schenken können, war doch die »News« in Wahrheit zu diesem Zeitpunkt bereits ein verstaubter Ladenhüter. Denn was die Ägyptologen den Journalisten als aktuelle Story andrehten, stand zu diesem Zeitpunkt bereits seit über einem Monat (!) in dem deutschsprachigen Kioskmagazin »mysteries« (www.mysteries-magazin.com). Unter dem Titel »Mysteriöser Fund im Tal der Könige« lancierte das Periodikum exklusiv die Nachricht von der Neu-Entdeckung -- der ersten seit der Auffindung Tutanchamuns vor 84 Jahren. So gut war »mysteries« unterrichtet, daß die Redaktion auf einer abgedruckten Karte sogar das exakte Areal der Fundstelle markiert angab.

Dagegen strotzten die ersten weltweiten Meldungen nur so vor Fehlern. »Fünf Kilometer entfernt vom Grab Tutanchamuns« sollte die neue Gruft liegen. So lang ist das gesamte Tal der Könige nicht einmal annähernd! Tatsächlich beträgt der Abstand nur ungefähr acht *Meter* zu Tuts Bestattungskomplex. »Sieben Sarkophage mit Mumien«, hieß es weiter in den Agenturmeldungen, habe man in der »Ein-Kammer-Anlage« vorgefunden. Nach heutigem Wissensstand wurde nicht eine einzige Mumie geborgen – es gab nämlich keine.

Dafür verschwieg man der versammelten Reporterschar, daß es hinter den Kulissen bereits mächtig brodelte. Ursache hierfür waren (noch) geheime Zwistigkeiten über die Entdeckerehre. Otto Schaden ist nämlich nicht der einzige, der Ansprüche auf die Lokalisierung des Grabes anmeldete. Doch der Reihe nach:

Auffällig an den Meldungen über die Freilegung war, daß kein Bericht den genauen Zeitpunkt der Ortung der Gruft nannte. Die Amerikaner vermieden es zunächst tunlichst, das exakte Datum und die näheren Umstände der Entdeckung bekannt zu geben. Vage sagte Otto Schaden gemäß diverser Medienberichte, das Grab sei »bereits vor langer Zeit geöffnet worden«. Erst in späteren Interviews konkretisierten die Amerikaner allmählich, daß ihrem Team-Mitglied Alistair Dickey die Auffindung des Zugangsschachtes im März 2005 während Routinearbeiten gelungen war.

Routinearbeiten? Im Tal der Könige? So etwas gibt es schlicht und einfach nicht! Selbst Säuberungen und Nachgrabungen werden sorgfältigst geplant und sind äußerst kostenintensiv. Aber Edwin Brock, Co-Direktor der US-Mannschaft, behauptete zusätzlich, der Fund sei völlig überraschend gewesen und die neue Gruft durch puren Zufall bei einem benachbarten Grab lokalisiert worden.

Unstrittig arbeitet das Team der University of Memphis in KV 10 – und das seit Jahren. Wie aber will man ein neues Grab aufspüren, wenn man in einem anderen arbeitet? Hinzu kommt: In den Parzellen der angrenzenden Gräber hatten die Amerikaner nichts verloren. Dort nämlich war das Konzessionsgebiet des britischen »Amarna Royal Tombs Project« (ARTP) unter Leitung des bereits mehrfach erwähnten Ägyptologen Nicholas Reeves.

Neuerlich waren es die »mysteries«-Rechercheure, die als erste die Nachricht über den Entdeckerzwist vermeldeten. Am 11. Februar bestätigte Reeves schließlich »mysteries« schriftlich, daß er für sein Projekt die Auffindung von KV 63 reklamiere. Reeves wörtlich: »Ja, mein Amarna Royal Tombs Project (ARTP) lokalisierte das Grab zuerst.« Seinen Ausführungen zufolge gelang seiner Mannschaft die exakte Ortung der Anlage bereits im Jahr 2000 mittels Bodenradarmessungen.

Doch warum haben die Engländer das Schachtgrab nicht sofort geöffnet? Die (undementierte) Begründung stand erneut in einer »mysteries«-Vorabmeldung vom 15. Februar 2006. »Um es (KV 63, *Anm. d. Verf.)* zu schützen«, heißt es darin zur Begründung, hatte Reeves' Team damals von einer kurzfristigen Öffnung abgesehen. Nicholas Reeves wörtlich: »Solche Anlagen sind außerordentlich rar und können einzigartiges Material bergen. Wir wollten systematisch vorgehen – statt nur die Rosinen zu pflücken.«

Das, wird jeder wissenschaftliche Ausgräber bestätigen, ist archäologischer Nonsens. Es hat überhaupt nichts mit systematischer Suche zu tun, wenn man ein lokalisiertes Grab nicht prioritär bearbeitet. Nirgendwo ist die Fundkonzentration so dicht wie in einer Syringe. Das heißt aber auch, daß Umwelteinflüsse wie Erdbeben oder Unwetter nirgendwo sonst derart konzentriert Schäden bewirken und Verfallsprozesse in Gang setzen. Es ist also schlichtweg unverantwortlich, nicht alle verfügbaren Kräfte und Materialien sofort für die Grabfreilegung einzusetzen, um die Artefakte zu bergen und nötigenfalls umgehend zu konservieren.

Reeves disqualifiziert sich ergo mit dieser Aussage selbst. Falls der Brite KV 63 wirklich aufgespürt hat, hat er danach so ziemlich alles falsch gemacht, was man falsch machen kann. Zumindest hätte er die ägyptische Altertümerverwaltung informieren müssen – aber davon ist nichts bekannt. Nunmehr nachträglich Ansprüche an der Entdekkung der Anlage anzumelden, entspricht wahrlich nicht dem vielzitierten englischen »fair play«.

Es wäre genauso vermessen, wollte ich behaupten, der Entdecker von KV 63 zu sein, nur weil ich 2004 in meinem Buch »Der Tut-anch-Amun Skandal« exakt beschrieb, wo KV 63 zu finden ist. Dort ist unter der Teilüberschrift »Eine Cachette – direkt neben Tut-anch-Amuns Grab?« zu lesen: »Doch wo im Tal sollte man den Spaten ansetzen? Aufgrund der relativ hohen Funddichte auf sehr begrenztem Raum bietet das Terrain in unmittelbarer Umgebung von KV 62, also Tut-anch-Amuns Gruft, die archäologisch erfolgversprechendste Aussicht.« Und weiter führte ich aus: »Ein altes Sprichwort sagt: Einen Schatz versteckst Du am sichersten unter einem anderen Schatz. So könnte es sich auch in diesem Fall verhalten. Wer würde auch nur ahnen, daß sich im unmittelbaren Umfeld von Tut-anch-Amuns Grab eine weitere Anlage, angehäuft mit Artefakten aus Ägyptens ruhmreichster Dynastie, finden läßt?«

Reeves hat mittlerweile seine Entdecker-Anwartschaft kleinlaut zurückgezogen. Das ist auch gut so, denn er war nicht der erste, der Radar-Untersuchungen in genau jenem Teil des Tals durchführte. Das geht aus längst vergessenen ägyptologischen Fachberichten hervor. Demnach wurden bereits in den 70er-Jahren des 20. Jahrhunderts dort erste Messungen vorgenommen. Durchgeführt hat diese Untersuchungen seinerzeit eine Gruppe des Stanford Research Institute unter Leitung des Physikers Lambert Dolphin. Dolphin publizierte seine Ergebnisse unter anderem 1980 in einem Report mit dem Titel »Locating Hidden Tombs in the Valley of the Kings«.

Die Messungen des Stanford-Teams – teilweise ausgeführt von der Seitenkammer der Tutanchamun-Gruft – zeigen noch mehr Hohlräume in der Umgebung von KV 63. Unter anderem dort, wo Reeves ARTP-Crew später den Spaten ansetzte. Überflüssig zu betonen, daß die Dolphin-Arbeiten weder von Reeves noch von Otto Schaden oder sonst einem dritten Ägyptologen in die Entdecker-Diskussion eingebracht worden sind. Erneut war hier die Zeitschrift »mysteries« federführend.

Beispiele wie die von KV 5, KV 63 und dem Turiner Papyrus 55001 ließen sich noch zahlreiche anführen. Erinnert sei nur an die Affäre um die Sargwanne aus KV 55, die sich jahrelang im geheimen Besitz des Münchner Ägyptischen Museums befand. Der Zwist um die Rückgabe der Sargwanne führte sogar zu diplomatischen Verstimmungen mit Kairo, die erst durch den persönlichen Einsatz des bayerischen Ministerpräsidenten beigelegt werden konnten. In allen Fällen ist es dasselbe: Entdeckungen werden verheimlicht, Funde verschwiegen und Abläufe vertuscht. Und das schon bei relativ banalen Sachverhalten.

Sollte Howard Carter also Schriftrollen mit brisanten Texten in Tutanchamuns Grab gefunden haben, noch dazu solche, die auch heute noch religiös-politisch motivierte Konflikte großen Ausmaßes auslösen könnten, kann man davon ausgehen, daß sie mit Sicherheit geheimgehalten wurden. Andernfalls, das wäre absehbar gewesen, hätte Carter unmöglich seine Bergungsaktion auf Dauer noch fortsetzen können. Vielleicht wäre die gesamte Mannschaft sogar der Gefahr extremistisch bedingter Gewalttaten ausgesetzt gewesen.

Gefahrvoll war die Arbeit ohnehin, denn auch ohne die Papyri wurde das Grab von Anfang an mit dem Alten Testament in Zusammenhang gebracht – und wird es noch.

Intermezzo XXV

Falls sie es für notwendig erachten, bedienen sich Ägyptolo-gen bei ihrer Arbeit auch mal gängiger Geheimdienst-methoden. Zu Carters Zeiten nutzte beispielsweise die Ägyptenabteilung des Metropolitan Museums New York einen Code zur Verschlüsselung vertraulicher Nachrichten. Entwickelt hatte ihn schon Jahre zuvor der Chefkurator des Hauses, Albert M. Lythgoe. Er wird deshalb in Fachkreisen als »Lythgoe-Code« bezeichnet und gilt manchem Forscher als Synonym für geheime Informationsübermittlung ar-chäologischen Inhalts. Lythgoes Zahlencode galt zwar als kompliziert, für den damaligen Entwicklungsstand aber auch als relativ »knacksicher«.

Warum bedient sich – zumindest ein Teil – der Ägyptologen-Gilde derartiger Methoden?

Kapitel 26

Das Grab
und die Bibel

Tutanchamun blieb Tutanchaton

Aufgrund des Exklusiv-Vertrages zwischen den Carter und Carnarvon einerseits und der »Times« andererseits waren zwangsläufig sämtliche übrigen Printmedien bei der aktuellen Berichterstattung benachteiligt. Die Folge waren blühende Spekulationen und wilde Gerüchte – bar jeden Hintergrunds. Hierzu nur ein kleines Beispiel: Kaum drei Monate nach Freilegung des Grabeingangs 1922 berichteten Medien, daß drei Flugzeuge im Tal der Könige gelandet seien und die bedeutendsten Artefakte kistenweise aus dem Mausoleum geholt und an einen geheimen Ort transportiert hätten.

Doch selbst heute, im Zeitalter der Raumfahrt, wäre es bestenfalls Senkrechtstartern und Helikoptern möglich, im «Tal« zu landen und wieder unbeschadet zu starten. Mit den »Fliegenden Kisten« Anfang des 20. Jahrhunderts war an ein derartiges Unternehmen nicht einmal zu denken. Diese Meldung ist deshalb in puncto Fachkenntnis an Dummheit kaum mehr zu übertreffen.

Es gab allerdings ein zweites Feld, das als Nährboden für Spekulationen diente. Tutanchamuns Grab wurde quasi mit Bekanntgabe seiner Entdeckung mit der Bibel in Verbindung gebracht. Den historischen Hintergrund bildete, wie bereits dargelegt, der Aton-Monotheismus König Echnatons und Tutanchamuns. Eine Gazette – um wieder nur ein Beispiel zu nennen – verbreitete im Februar 1923, daß Tutanchamun jener Pharao sei, dessen Heer bei der Verfolgung der Israeliten im Roten Meer vernichtet wurde.

Einige Wissenschaftler verfielen sogar auf die Idee, in der Gruft befinde sich die mysteriöse Bundeslade, jenes Behältnis, in dem die Gebotstafeln Jahwes aufbewahrt wurden. Das war allerdings unmöglich, die hatten ja laut Altem Testament die Juden bei ihrem Exodus aus Ägypten mitgenommen. Immerhin beruht dieses Gerücht noch auf einem Funken Wahrheit, fand man doch in Tutanchamuns Mausoleum den ersten Kasten mit an seiner Unterseite befestigten

Tragestangen. So soll auch die Lade geschultert worden sein. Dem Kasten mit Satteldachdeckel kann man eine gewisse Ähnlichkeit mit dem im Pentateuch beschriebenen Behältnis jedenfalls nicht absprechen.

Doch der Unsinn treibt selbst in unseren Tagen noch heftige Blüten. So antwortet der in England ansässige Ägypter Ahmed Osman auf den Titel seines Buches »Wer war Jesus wirklich?« im Innenteil mit dem Namen »Tutanchamun«.

Tatsächlich aber barg KV 62 gewichtige Indizien, die massiv darauf hindeuten, daß der Pharao trotz seines Namenswechsels von Tutanchaton in Tutanchamun dem Monotheismus seines Vaters Echnaton bis zu seinem eigenen Tode die Treue hielt. Der erste Hinweis findet sich auf dem prunkvollen Thron aus der Vorkammer, der neben Tuts geänderten Namen auch seinen Geburtsnamen unbeschädigt trägt. Ebenso beeindruckend ist die Auffindung der Reichsinsignien Krummstab und Dreschflegel. Das Grab enthielt gleich zwei Exemplare – ein Paar mit dem Namen Tutanchamun, und das zweite weist als Eigentümer Tutanchaton aus.

Das ergreifendste Indiz für die Aton-Treue Tutanchamuns fand man aber auf dem Kopf der Mumie. Den Schädel zierte eine kleine Kappe, auf der mehrfach der Name Aton eingearbeitet war. Tut stellte sich also auch im Tod unter den Schutz seines »Geburtsgottes« und hatte mit dem Reichsgott Amun persönlich recht wenig am Hut.

Echnaton hingegen verschwindet im Dunkel der Geschichte. Gräber für seine Person lassen sich sowohl in Amarna als auch in Biban el-Moluk, dem Tal der Könige, nachweisen. Fellachenerzählungen berichten vom Goldsarg des »Ketzers«, der erst zu Beginn des 19. Jahrhunderts von »vermummten Gestalten« mit flackernden Fackeln aus einer unentdeckten Gruft entwendet worden sein soll. Der Wahrheitsgehalt derartiger Aussagen ist kaum einschätzbar – zu nahe liegen Dichtung und Wahrheit an den Ufern des Nils beieinander.

Ausführlich habe ich die Erzählung um Echnatons Goldsarg in meinem Buch »Versteckt, Verschollen, Vergraben: Pharaonenschätze, die noch zu finden sind« behandelt. Darin tendiere ich nach Abwägung sämtlicher mir zugegangener Informationen dazu, den Kern der Geschichte als wahr zu erachten. Ob es sich aber um den Goldsarg *Echnatons* handelt, ist doch recht fraglich. Jedenfalls dann, wenn man den »Ketzer von Amarna« mit dem Exodus in direkten Zusammenhang bringt. Denn es gibt durchaus Gelehrte, die *nicht* davon ausgehen, daß Echnaton starb und somit seine Religion ihre Macht verlor. Vielmehr favorisieren diese Experten eine andere Version. Und sie könnte auch Inhalt der Papyri sein. Das zentrale Problem dabei ist: Überlebte Pharao Echnaton, der wahrscheinliche Vater Tutanchamuns, die Amarna-Periode?

Die Antwort kann natürlich nicht in wenigen Zeilen gegeben werden, sondern ist Gegenstand eines neuen Kapitels. Denn das könnte Auswirkungen auf die gesamte historische Betrachtung der Post-Amarnazeit haben – und eventuell den hebräischen Exodus in völlig verändertem Licht erscheinen lassen.

Intermezzo XXVI

In Theben machen viele Gerüchte die Runde. Eines davon haben wir erwähnt. Aber war es recht einfach, die Geschichte von den drei Flugzeugen im Tal der Könige als »Presse-Ente« oder »Fellachen-Latein« zu entlarven, ist dies bei anderen in Umlauf befindlichen Erzählungen weitaus schwieriger einzuschätzen.

Eine dieser Storys wird gerne von den Kurnawis, den Bewohnern der einstigen Grabräuber-Hochburg Kurna, verbreitet. Demnach hat Howard Carter nach der Entdeckung Tutanchamuns heimlich viele Schätze aus dem Grab irgendwo in die umliegenden Berge geschafft. Nur ein Vertrauter aus seinem Grabungsteam wußte, wohin Carter die »Antikas« – darunter vielleicht auch die Papyrusrollen – verbrachte. Dieser Helfer markierte sogar unauffällig die genaue Stelle. Ein heftiges Unwetter aber vernichtete die Zeichen unwiederbringlich, und der Vertraute fand den Platz nie wieder.

Angeblich haben die listigen Kurnawi die geheime Lagerstätte zwischenzeitlich wieder eruiert. »Aber wir«, erzählte ein alter Dorfbewohner, »können den Fund nicht bergen, weil in dieser Gegend (zu) viel Polizei und Wächter unterwegs sind.«

Wie gesagt: Nur ein Gerücht.

Wirklich nur ein Gerücht …?

Kapitel 27

Ging Echnaton ins Exil?

Spuren, die es nicht geben dürfte …

Mit Echnatons Tod endete auch der erste Monotheismus der Weltgeschichte. So steht es geschrieben in endlos langen Buchreihen ägyptologischer Lektüre. Echnatons Nachfolger mühten sich umgehend, die Tempel Atons zu zerstören und den Namen des »Ketzers« aus den Annalen zu tilgen.

Die Sichtweise hat sich verändert.

Wie sich das Ende der Amarna-Zeit gestaltete, ist heute offener denn je. Unter anderem hat man bei der Thronfolge nach Echnatons Tod die Wahl zwischen Nofretete, seiner Gemahlin, Semenchkare, vielleicht ein älterer Bruder Tutanchamuns, oder einer der älteren Töchter Echnatons. Und das ist lediglich eine kleine Auswahl der kontrovers geführten und polarisierenden Debatten um die Post-Echnaton-Ära. Mehr und mehr kreist nämlich die Diskussion um die zentrale Frage: Starb Echnaton überhaupt in Ägypten? Soviel ist sicher: Nach Echnaton herrschte erst einmal Tohuwabohu am Pharaonenhof. Die Ägyptologen haben es hier wahrlich nicht einfach. Zu konträr ist die Fundsituation – viele Artefakte passen nicht so recht in die mühsam und mit großem Fleiß erarbeiteten Rekonstruktionsmodelle.

Eines dieser Objekte befindet sich in Privatbesitz, ist aber in Insider-Kreisen durchaus bekannt. Es handelt sich um eine eher unscheinbare poröse Rundplastik einer jungen Frau. Doch die 29,7 Zentimeter hohe Darstellung, die ursprünglich der Berliner Kollektion James Simon entstammt, ist in Wahrheit »ägyptologisches Dynamit«, an deren Existenz die Fachleute schwer zu knabbern haben.

Angeblich stellt die Dame keine Geringere als Anchesenamun dar, die dritte Tochter des Religions-Revoluzzers Echnaton und seiner Königin Nofretete sowie die Gemahlin Tutanchamuns.

Und damit sind wir beim eigentlichen Problem der Kalkstein-Statuette: Es besteht nämlich nicht in der abgebildeten Person, sondern in den darauf eingeritzten Kartuschen. Kartuschen sind an den Kanten abgerundete Rechtecke, in die bei Inschriften die Namen des Herrschers und/oder der Königin geschrieben wurden. Dieses Privileg blieb ausschließlich dem amtierenden Paar, verstorbenen Herrschern oder bei Doppelregentschaften auch dem zweiten Pharao nebst Gattin vorbehalten.

Auf der Anchesenamun-Statue befinden sich aber nun gleich vier verschiedene Namensovale. Namen, die es in dieser Konstellation so nach der bisher herrschenden Lehrmeinung nicht geben dürfte.

- Auf beiden Oberarmen stehen nebeneinander in Kartuschen die Namen »Nofretete« und »Anchesenamun«.
- Dagegen sind auf dem linken Handgelenk deutlich die Namen »Nofretete« und »Echnaton« zu lesen.
- Und letztlich prangen auf der rechten Handfessel die Namen »Amenophis, der Gott, der Herrscher von Theben« sowie erneut »Echnaton«.

Genau diese Konstellationen aber passen nicht zusammen. Anches' Name, so wird bislang von den Gelehrten angenommen, kann unmöglich gemeinsam neben dem ihrer Mutter in einer Kartusche stehen. Oder haben wir hier ein Indiz dafür, daß Echnatons »große königliche Gemahlin« gemeinsam mit ihrer dritten Tochter eine Doppelregentschaft über das Nilland ausübte? Falls ja, was war dann mit Echnaton geschehen? War er bereits verstorben? Warum wurde dann zusätzlich die »Echnaton-Nofretete«-Namensschleife mit aufgenommen? Und was soll gar die Verbindung »Echnaton« mit »Amenophis, dem Gott, dem Herrscher von Theben« zum Ausdruck bringen? Mit Letzterem ist wahrscheinlich Amenophis III., Echnatons Vater und Vorgänger im Amt, gemeint. Die beiden »unmittelbar nebeneinander sind ebenfalls mehr als problematisch«, so der Berliner Ägyptologe Professor Dietrich Wildung und ergänzt: »Schwer erklärbar ist schließlich die Existenz dieser Inschriften auf einer noch unfertigen Figur. Vieles spricht also für eine nachträgliche, moderne Zufügung der Inschriften, manches für eine fragliche Authentizität der Statue.« Der kundige Professor will also nicht ausschließen, daß es sich bei der Statue um eine Fälschung handelt. Allerdings: Die angesehene Londoner »British School of Egyptian Archeology« stufte die Anches-Statuette bereits 1964 als »wichtige ägyptische Antiquität« ein.

Die Ägyptologie kann nur hoffen, daß die Anchesenamun-Statue sich eines schönen Tages wirklich als Fälschung herausstellt, andernfalls muß die Übergangsperiode von Echnaton zu Tutanchamun wieder einmal in neuem Licht betrachtet werden. Und das könnte alsbald zutreffen, denn bereits jetzt erhärten andere Artefakte eine Theorie über den Verbleib zumindest eines Teils der königlichen Amarna-Familie. In Fachkreisen ist sie zwar bekannt, wird jedoch weitgehendst für »unrealistisch« gehalten. Sie besagt, daß Echnaton nach dem Scheitern seiner theologischen Reformen im ägyptischen Reich mit den ihm verbliebenen Getreuen ins Exil ging. Die Spur führt nordostwärts.

So wies die französische Ägyptologin Christiane Desroches-Noblecourt bereits in den 60er-Jahren des 20. Jahrhunderts auf ein Vasen-Bruchstück hin, das aus Ugarit (Ras-Schamra) stammt. Darauf erweist eine der Amarna-Prinzessinnen ihrem Gatten, König Niqmat, ihre Ehrerbietung.

Unlängst wurde überdies eine kleine archäologische Sensation bekannt: Ein bereits 1982 vor der Südwestküste der Türkei lokalisiertes, untergegangenes Handelsschiff barg, was Wissenschaftler als »wichtigsten ägyptischen Fund außerhalb Ägyptens« klassifizieren: einen goldenen Skarabäus. Einen goldenen Skarabäus von Königin Nofretete! Anhand der Schiffsladung konnte weiter festgestellt werden: Das spätbronzezeitliche Frachtschiff steuerte auch Ugarit an, jene Stadt, in der die (angebliche) unbekannte Amarna-Prinzessin ihre Tage verlebte. Soll der Fund des goldenen Nofretete-Skarabäus also auch darauf hinweisen, daß Teile der Amarna-Königsfamilie wirklich in der Region Ras-Schamra ihr Exil wählten?

Die Frage ist wahrlich provokant, aber nur deshalb, weil sich darauf keine objektive Antwort finden läßt. So sind, das darf man nicht vergessen, auch in der Umgebung des amarnischen Königsgrabes Echnatons goldene Ringe von Nofretete im Schutt aufgetaucht. Das spricht wiederum eindeutig gegen die Exil-Theorie. Aber immerhin haben wir mit diesen Funden Indizien dafür, daß zumindest die theoretische Chance besteht, daß Echnaton nebst Gefolge aus den Reihen der Ägypter und der Hebräer seine zürnende Heimat verließ.

Fassen wir kurz zusammen: Es existiert nicht der geringste Beleg dafür, daß die »monotheistische ägyptische Episode« mit dem Tode Echnatons zusammenfiel. Stattdessen gibt es eine Reihe von Objekten, die aufzeigen, daß Echnaton vielleicht nicht verstorben war, sondern ihm ergebene Aton-Anhänger ins Exil führte. Ist es das, was in den Papyrusrollen aus Tutanchamuns Mausoleum seine Bestätigung findet?

Wohl kaum, denn die Bibel spricht ausdrücklich von Moses als dem jüdischen Religionsstifter und zugleich als dem Anführer beim

Exodus aus Ägypten – nicht aber von Pharao Echnaton. Wer also führte die monotheistische Gemeinde aus ihrem »Mutterland?« Echnaton? Moses? Oder gar Moses und Echnaton?

Die Antwort, soviel sei an dieser Stelle bereits verraten, steht angeblich in den Exodus-Schriftrollen. Aber bevor wir uns diesen Fragen widmen können, müssen wir erst einmal klären, mit wem wir es bei der Person des biblischen Moses überhaupt zu tun haben.

Intermezzo XXVII

- *Die Amarna-Zeit hätte es nie gegeben, wenn er ...*
- *Echnaton hätte nie regiert, wenn er ...*
- *Tutanchamun wäre nie König geworden, wenn er ...*
- *Dieses Buch wäre nie geschrieben worden, wenn er ...*

nicht vorzeitig gestorben wäre. Die Rede ist von Echnatons älterem Bruder Thutmosis. Bereits als junger Erbprinz bekleidete er einen hohen militärischen Rang. Wäre er als »Thutmosis V.« seinem Vater auf dem Pharaonenthron gefolgt, hätte die antike Weltgeschichte mutmaßlich einen anderen Verlauf genommen.
Das Grab des Prinzen steht noch auf der Suchliste der Ägyptologen. Aber unter den Schätzen Tutanchamuns fand man eine Peitsche mit Thutmosis' Namen. Nur ein Familienerbstück? Wohl kaum, denn Tut hat Thut selbstverständlich nie kennengelernt. Wie also kam der Pharao in den Besitz des Objektes – und warum wurde es ihm sogar mit ins Grab gelegt?

Kapitel 28

Moses, der »Jugypter«

Ein Mann zwischen zwei Religionen

Moses hat immer Konjunktur. Sei es als Titelgeschichte des Nachrichtenmagazins »Der Spiegel« (2006) oder als Protagonist des biblischen Exodus vor über 3000 Jahren. Bei Moses ist immer etwas los!

Kein Wunder bei der Vielzahl seiner Jobs. Hauptberuflich wird man ihn in unseren Tagen als Religionsstifter bezeichnen. Aber lange Jahre zuvor schreitet er bereits als altägyptischer Prinz durch die biblische Historie. In dieser Funktion macht er Karriere – als fieberhaft gesuchter Mörder, der einen ägyptischen Bauaufseher erschlagen hat, um einen semitischen Volksgenossen vor überharter Bestrafung zu schützen.

Denn Moses ist kein Ägypter, sondern Jude. Seine Geschichte beginnt mit einem Pharaonenerlaß, der im Alten Testament festgehalten ist: »Ist es ein Sohn, so tötet ihn« (Ex. 1,16). So fordert der Pharao die Hebräer-Ammen auf. Seine Mutter setzt Moses daraufhin in einem Schilfkorb auf dem Nil aus – der just von einer badenden ägyptischen Prinzessin aus dem Wasser gezogen wird. Pharaos Tochter hat Mitleid mit dem Knaben und »nimmt ihn an Sohnes Statt an« (Ex. 2, 10). Moses wird zum »Jugypter«.

Unbeschwert wächst Moses auf, bis er den besagten brutalen Sklavenaufseher tötet und aus Ägypten flieht. Nach seiner Flucht heiratet Moses in Midian. Doch als Gott ihm in einem brennenden Dornbusch erscheint, reist er gemeinsam mit seinem Bruder Aaron zurück nach Ägypten, tritt vor den Pharao und fordert: »Gib mein Volk frei!« (Ex. 7,16) Dazu hatte der König selbstverständlich herzlich wenig Lust. Nachdem aber Gott die biblischen Plagen über Kemet, also Ägypten, hatte hereinbrechen lassen, denen auch der Sohn des Herrschers zum Opfer fiel, entließ der König die Anhänger Jahwes aus der Fronarbeit – der Exodus, der Auszug der Hebräer aus dem Ägypterland begann.

Soweit in Kürze der angebliche Werdegang von Moses bis zum Aufbruch in das »Gelobte Land«. Wohlgemerkt: Moses' Lebensweg nach der *biblischen* Version. Wie aber würde die ägyptische Darstellung lauten, wenn sie uns vorläge? Zunächst einmal wären Texte, die Moses' Existenz bestätigen würden – unabhängig von ihrem sonstigen Inhalt –, allein schon eine religionsgeschichtliche Sensation. Denn man kann es drehen und wenden, wie man will: Der Mensch Moses ist nicht belegt. So ist beispielsweise für den Alttestamentler John van Seeters »die Suche nach dem historischen Moses ... eine vergebliche Mühe. Moses gehört heute nur in die Legende.«

Und tatsächlich gibt es einen Anhaltspunkt dafür, daß sich der Auszug wohl kaum so abgespielt hat, wie man uns im Exodus gerne weismachen möchte. Erinnern wir uns an Howard Carters Aussage gegenüber dem britischen Vizekonsul: Der Inhalt der Papyri offenbare die wahre und skandalöse Geschichte des Auszugs der Juden aus Ägypten. Und wie Robert Keedick ja in seinem Brief schrieb, habe ihm sein Vater erzählt, daß der Inhalt der Dokumente wenig schmeichelhaft für die Juden sei. So jedenfalls habe es Carter seinem Vater berichtet *(siehe Anhang 4)*.

Wenn aber Moses lediglich eine Figur der Literatur ist und sich der Exodus in der altägyptischen Version völlig anders liest, *wer führte dann wen aus Ägypten?* Die Hebräer waren sicher bereit, jedem Anführer ungeachtet seiner Herkunft zu folgen, wenn nur endlich die Freiheit winkte. Welchem Gott sie dienten, war ihnen dabei verständlicherweise herzlich gleichgültig. Das untermauert auch die Bibel mit der Erzählung vom »Goldenen Kalb«, das die Juden aus Gold gossen und als ihre neue Gottheit umtanzten, während Moses auf dem Berg Sinai weilte, um von Jahwe die Zehn Gebote zu empfangen (Ex. 32). Auf der anderen Seite gab es aus Sicht der Ägypter keinen Grund, billige (und vor allem dringend benötigte) Arbeitskräfte ziehen zu lassen, es sei denn, es hätte sich Grundlegendes in den Beziehungen der beiden Völker geändert.

Und genau hier setzt der bereits erwähnte Wissenschaftler Sigmund Freud an. In seinem Spätwerk »Der Mann Mose und die monotheistische Religion« (1938) faßt der Begründer der modernen Psychoanalyse seine Ansichten und Erkenntnisse folgendermaßen zusammen: Moses war ein vornehmer Ägypter und glühender Anhänger der Aton-Lehre. Nach Echnatons Tod und dem Scheitern der Staatsreligion wandte sich Moses von seinen Landsleuten ab und brachte den Eingottglauben zu den Hebräern, die von nun an Jahwe als einzig wahren Gott verehrten. Dafür führte sie Moses aus der Sklaverei und befreite die Juden somit vom ägyptischen Joch.

Eine zweifelsohne bestechende Theorie. Mag sie im Detail auch nicht alle Widersprüche, Fragezeichen und Funde der Amarna-Periode berücksichtigen bzw. erfassen, so ist sie in sich trotzdem schlüssig und kann neben den anderen zahllosen Theorien zur Exodusproblematik durchaus bestehen. Der Ägyptologe Jan Assmann hat dazu bemerkt: »Ich habe immer die Herausforderung gespürt, die Freuds Buch für die Ägyptologie … darstellte, und habe mich gewundert, daß es von diesen Seiten so wenig Reaktionen erfuhr.«

Ein Problem allerdings bleibt: Wie soll sich das alles historisch ereignet haben, wenn die aktuelle Forschung Recht behalten sollte, derzufolge, wie wir feststellten, der historische Moses nie existiert hat? Ergo kann Moses beim besten Willen nicht der Anführer der Juden bei ihrer Wüstenwanderung gewesen sein.

Und doch kommt Freud der Wahrheit relativ nahe. Aber das ahnte ich nicht einmal. Trotz intensiver Bemühungen kam ich in der Recherche keinen Schritt mehr vorwärts. Jeder Ermittler weiß: In solchen Fällen hilft nur noch Glück oder »Kommissar Zufall«. Mein Kommissar Zufall heißt in diesem Fall Armin Risi. Mit einem Anruf von ihm begann für mich ein völlig neues Kapitel auf der Suche nach den Schriftrollen. In dessen Verlauf können wir dann auch die Frage beantworten, die in diesem Kapitel leider nicht geklärt werden konnte: Wer war der Anführer des Exodus? Die Schriftrollen aus Tutanchamuns Grab geben darauf angeblich eine klare Antwort …

Intermezzo XXVIII

Aton ist der erste Universalgott der Menschheitsgeschichte. Symbolisiert durch die Sonnenscheibe und ihre wärmenden wie schützenden Strahlen(hände), blieb er doch stets gestaltlos.

Fälschlicherweise wird häufig angenommen, Aton sei das Geistesgut und Gedankenprodukt von Pharao Echnaton gewesen. Das ist so nicht richtig. Guy Rachet etwa meint in seinem »Lexikon des Alten Ägypten«, der Kult des Gottes sei erstmals unter Pharao Thutmosis IV. (ca. 1419 – 1386 v. Chr.) nachweisbar. Andere halten es sogar aufgrund verschiedener Hinweise für möglich, daß der Kult um die goldene Sonnenscheibe bereits unter der weiblichen Pharaonin Hatschepsut (ca. 1498–1483 v. Chr.) seinen Anfang nahm.

Warum scheiterte der Aton-Monotheismus? Es gibt viele Ursachen. Die Hauptgründe liegen mutmaßlich in der abrupten Absetzung des Reichsgottes Amun einerseits. Andererseits war theologisch betrachtet wohl der Quell des Unmutes, daß die Menschen sich nicht direkt an den Gott wenden konnten, sondern ausschließlich Pharao Echnaton zu und mit Aton »sprechen« durfte und konnte.

Die Dimde-Informationen

Der (angebliche) Inhalt der Moses-Rollen

Armin Risi ist ein netter, gebildeter Kollege der schreibenden Zunft. Auch wenn wir längst nicht zu allen Themen dieselbe Meinung vertreten, sind unsere Gespräche stets von gegenseitigem Respekt geprägt, und ich bin durch ihn auf einiges Interessantes und Neues gestoßen. Risis bemerkenswertester Wesenszug, so meine Erfahrung, ist seine kollegiale Hilfsbereitschaft. Dies bestätigte sich einmal mehr, als ich gegen Jahresende 2005 den Innentitel eines Buches von ihm zugefaxt bekam. Darauf hatte er handschriftlich angemerkt: »Vielleicht eine neue Spur?« Risi konnte nicht ahnen, wie Recht er hatte.

Das von ihm genannte Buch trägt den Titel »Die vierte Pyramide« und stammt aus der Feder von Manfred Dimde. Mit freundlicher Genehmigung des Autors und des Kopp-Verlages zitiere ich daraus jene Passagen, die sich mit den verschollenen Schriftrollen aus Tutanchamuns Grab beschäftigen. Dimdes Ausführungen basieren seinen eigenen Angaben zufolge auf Informationen eines (leider anonymen) »Briten«. Dessen Bericht zufolge befand sich »unter dem Lendenschurz der beiden hölzernen Wächterfiguren« in der Vorkammer von Tuts Grab je ein Papyrusdokument. »Diese Papyri wurden zusammen mit einer Reihe von Gegenständen bei der ersten Öffnung der Grabanlage des Tutanchamun entnommen und nach London gebracht, wo man die Schriftrollen entzifferte und übersetzte. Danach verschwanden die beiden Schriftstücke, Originale aus der Zeit des Pharaos Echnaton … in London spurlos. Niemand fragte danach, denn niemand wußte davon. Sie waren ja bei der offiziellen Öffnung einige Monate später schon nicht mehr vorhanden gewesen.«

Dimde wirft dann die Frage auf: »Was könnten die Hintergründe dieser merkwürdigen Handlungsweise sein?« Er mutmaßt: »Tatsächlich wollten die Briten seinerzeit wohl sicherstellen, daß es bei der offiziellen Öffnung des Grabes von Tutanchamun keine Überraschungen gab.« Und ergänzend fährt Dimde fort: »Gerade bei einem unversehrten Grab des Schwiegersohns von Echnaton (manche vermuten sogar, er sei der Sohn oder Enkel gewesen) mußten sie damit rechnen, daß man Dokumente finden könnte, die eines der christlichen oder jüdischen Dogmen in Frage stellen würden.«

Im nächsten Absatz äußert sich Manfred Dimde zum Verbleib der Dokumente: »Diese Papyri sind seither also unauffindbar. Laut meinem britischen Besucher ließ man sie ihres brisanten Inhalts wegen verschwinden. Doch ironischerweise gab es damals eine Panne: Man hatte versäumt, auch die Abschriften, Merkzettel und Übersetzungsskripte aus dem Institut zu entfernen, das mit der Arbeit betraut worden war. So ist zumindest in Insiderkreisen bekannt geworden, was in diesen Dokumenten verzeichnet war.« Dazu schreibt der Verfasser: »Bei der Entzifferung der Hieroglyphen war man auf einen Abschnitt gestoßen, in dem die Priester die Ahnenreihe des Schwiegersohns von Echnaton beschreiben.«

Und dann läßt Dimde die Katze aus dem Sack. Er behauptet nämlich weiter: »Der Text paßte nicht in die bisherigen Überlieferungen: Laut diesem Papyrus sind *Moses und Echnaton ein und dieselbe Person!*« Tutanchamun war demnach also niemand anders als der Sohn oder Schwiegersohn von Echnaton alias Moses.

Doch Dimde hat von seinem britischen Informanten noch mehr in Erfahrung gebracht: »Wie aus den verschwundenen Papyri weiter hervorging«, schreibt er, »sollen die Israeliten seinerzeit zwar in Ägypten geblieben sein, jedoch das Niltal verlassen haben. Das wiederum würde sich mit koptischen Überlieferungen decken.«

Abschließend wirft Manfred Dimde selbst die Frage auf, »wie wahrscheinlich es ist, daß die in Insiderkreisen kursierenden Behauptungen zum Inhalt der verschwundenen Papyri stimmen«. Er urteilt: »Nun, meiner Ansicht nach sind diese Hinweise durchaus glaubwürdig. Aus anderen Quellen war mir damals, als mich der britische Gewährsmann aufsuchte, schon bekannt, daß man im 19. und Anfang des 20. Jahrhunderts in bis dahin unversehrten Gräbern mehrfach Schriftstücke gefunden hatte, die von ausgehöhlten Statuen ›gehütet‹ worden waren. Howard Carter mußte von dieser Praxis der altägyptischen Grableger gewußt haben, insofern war für mich die Information aus London auch in diesem Punkt glaubhaft.«

Das scheint auch ein britischer Fernsehsender angenommen zu haben, der beabsichtigte, eine Dokumentation über den »Fall Carter« zu drehen, in dem auch das Schriftrollenrätsel thematisiert werden sollte, wie mir Dimde telefonisch bestätigte. Allerdings ist es dann dazu nicht gekommen, »weil«, wie Dimde mutmaßt, »gewisse noch immer einflußreiche Clubs in London die Angelegenheit unter der Hand geregelt haben«.

Soweit Manfred Dimdes Ausführungen. Sollten sie zutreffen, wären sie tatsächlich eine Weltsensation. Doch die Erfahrung lehrt, daß gerade mündliche Informationen oft ungenau oder schlichtweg falsch sind und purer Wichtigmacherei entspringen. Zumindest die Möglichkeit, daß dem auch in diesem Fall so ist, mußte in Betracht gezogen werden. Dies um so mehr, als Manfred Dimde selbst seine Angaben nicht mit einer einzigen Quelle oder Begebenheit belegt. Auch mangelt es seinem Buch an jeglicher Bibliographie, die ein weiterführendes Quellenstudium ermöglichen würde.

Auf der anderen Seite: Seine Aussagen von vornherein als unwahr abzuqualifizieren, wäre genauso voreilig und gänzlich unprofessionell. Oftmals liegen Dichtung und Wahrheit ja eng beieinander. Mochte auch ein Teil der Angaben auf Fehlern, Irrtümern oder Falschangaben beruhen, so mußte dies noch längst nicht bedeuten, daß sämtliche Darlegungen unwahr sind. Und tatsächlich ergab die Verifikation überraschende Ergebnisse.

Intermezzo XXIX

Das Wirken von Professor Georg Steindorff in Leipzig ist heute mit vielen Fragezeichen versehen, wie wir bereits mehrfach feststellen mußten. Ein weiteres betrifft Steindorffs angebliche Beschäftigung mit dem »Fluch der Pharaonen«. Soweit ich ermitteln konnte, geht die diesbezügliche Information auf den Schriftsteller C. W. Ceram zurück. Der erwähnt eine diesbezügliche Schrift des Leipziger Lehrstuhlinhabers in seinem Bestseller »Götter, Gräber und Gelehrte«. Danach widerlegt Steindorff in seiner Arbeit eindrucksvoll die verschiedenen Berichte als Irrtümer, Zeitungsenten und Fehlinformationen. Sein angebliches Fazit: »Der Fluch des Pharao existiert überhaupt nicht.« Die Sache hat nur einen Schönheitsfehler: Die von Ceram erwähnte Monographie ist nirgendwo verfügbar. Schon Versuche des Autors Arnold C. Brackman in den siebziger Jahren des letzten Jahrhunderts, diese ausfindig zu machen, blieben erfolglos. Sogar das Leipziger Ägyptologische Institut hat eigenen Angaben zufolge kein Exemplar der 1933 entstandenen Schrift in seiner Bibliothek verfügbar.

Kapitel 30

Pharao Moses

Forschung bestätigt: Moses = Echnaton

Wie bereits vermutet, ergab die Überprüfung eine Reihe von Ungenauigkeiten in den Dimde-Ausführungen. So steht heute außer Zweifel, daß die beiden schwarz-goldenen Wächterstatuen definitiv *keine Geheimfächer* zur Verwahrung von Papyri enthalten. Ich werde später noch ausführlicher darauf eingehen. Wenn also die beiden von Manfred Dimde beschriebenen Schriftrollen tatsächlich existieren, müssen sie an einem anderen Platz des Grabes verwahrt gewesen sein.

Doch letztlich sind diese Ungenauigkeiten nur Marginalien. Schließlich macht es keinen Unterschied, ob die Schriften nun in der Vorkammer oder der Sargkammer, in einer Statue oder einem Kasten zum Vorschein kamen.

Entscheidend sind an den Dimde-Ausführungen vielmehr zwei zentrale Fragen:
- Wer war die Urquelle des Papyrusfundes in Tutanchamuns Gruft?
- Könnten die Schriftrollen tatsächlich bestätigen, daß der ägyptische Pharao Echnaton identisch ist mit dem jüdischen Religionsstifter Moses und dem Moses des Pentateuch?

Was die erste Frage anbelangt, so konnte mir der auskunftsfreudige Manfred Dimde leider nicht weiterhelfen, denn er hatte sich verpflichtet, sämtliche diesbezüglichen Informationen vertraulich zu behandeln. Das hatte ich selbstverständlich zu respektieren. Aber es gab es da noch eine Vielzahl von Kanälen, die mir eventuell behilflich sein konnten. Wieder einmal mußte ich auf »Kommissar Zufall« hoffen – und hatte erneut Glück. Zwar mußte auch ich garantieren, den Namen meines Konfidenten nicht preiszugeben, aber ich erhielt eine Reihe von Informationen, die es ermöglichen könnten, die Identität der besagten Person über kurz oder lang zu klären.

Bei der Urquelle soll es sich um einen Briten handeln, genauer gesagt um einen Engländer schottischer Abstammung. Einer seiner Vornamen lautet mit hoher Wahrscheinlichkeit »Lawrence«. Er studierte (und lehrte vielleicht auch) Archäologie in Cambridge. Nach erfolgreichem Abschluß seines Studiums nahm er an verschiedenen archäologischen Ausgrabungen teil, darunter in Saudi-Arabien, Jordanien und dem uns geläufigen Tell el-Amarna, Echnatons (und teilweise auch Tutanchamuns) Hauptstadt. »Lawrence« soll heute – falls er überhaupt noch lebt – nach einem Sturz von einem Kamel querschnittgelähmt und schwer herzkrank in der Grafschaft Exeter seine Tage verbringen.

Zusätzliche Informationen, die eine Identifikation erleichtern könnten, erhielt ich bezüglich des Vaters von »Lawrence«. Dieser Mann soll eine relativ bekannte Persönlichkeit des 19. Jahrhunderts gewesen sein. Er bereiste angeblich Indien und war einer der einflußreichsten schottischen Clanführer seiner Zeit. Ferner, so berichtete man mir, war er ein Duzfreund des berühmten Lawrence von Arabien und zeitweise Begleiter des nicht minder bekannten Flugpioniers Charles Lindbergh, der als erster Mensch den Atlantik in einem Flugzeug überquerte.

Soweit die Resultate meiner Nachforschungen. Über die Qualität der erhaltenen Informationen zu urteilen ist mir in diesem Fall unmöglich, weil man bisher leider keine Parallelquellen diesbezüglich kennt, denn nach meiner Kenntnis werden diese Rechercheergebnisse hier erstmalig publiziert.

Und wie verhält es sich mit dem zweiten Komplex? Kann es für die unglaubliche Behauptung »Echnaton war kein geringerer als der biblische Moses« überhaupt eine Bestätigung geben? Einen direkten Beleg sicher nicht. Aber es läßt sich eine Indizienkette bilden, die ganz eindeutig diese Behauptung stützt. Sie ergibt sich im ersten Teil aus den hier geschilderten Begebenheiten, Funden und ägyptologischen Forschungsresultaten. Erinnern wir uns:

- Unter der Vielzahl von Theorien über den genauen Zeitpunkt des alttestamentarischen Exodus gibt es auch solche, die den Auszug in die Epoche von Echnaton und Tutanchamun datieren.
- Tutanchamun hat dem Monotheismus persönlich nie abgeschworen.
- Gemäß Sigmund Freud endete der Aton-Kult nicht mit dem Tode Echnatons. Vielmehr scheiterte er bereits zu

einem früheren Zeitpunkt an der mangelnden Akzeptanz
der gestaltlosen Gottheit im ägyptischen Volk.
- Echnaton und ein Teil der königlichen Familie gingen
  ins Exil.
- Als Moses, der Hebräer, lehrte Echnaton, der Pharao,
  die Juden den Monotheismus. Aus Aton wurde Jahwe.
- Eine starke Gruppe von Exegeten und Ägyptologen
  vertritt die Auffassung, daß Moses historisch nicht
  nachweisbar ist – auch wenn es auf der anderen Seite
  entsprechende Theorien gibt. Sie sehen in dem jüdischen
  Religionsstifter vielmehr eine Person der Legende.
  Diese soll vertuschen, daß der Ägypter Echnaton den
  Israeliten seinen monotheistischen Gott Aton unter dem
  Namen Jahwe zuführte. Der Gott Israels und der »Herr«
  des Christentums hätten demnach denselben Ursprung,
  nämlich die altägyptische Aton-Lehre, wie beispielsweise
  ein Vergleich des 104. Psalms mit dem Aton-Hymnus
  verdeutlicht.

Damit können wir folgendes Fazit ziehen: Die Theorie Moses =
Echnaton paßt am besten zu vielen bisher bekannten Funden und
historischen Abläufen. Und sie läßt sich durch jüngere, bestätigende
Quellen untermauern.

Ja, es ist kaum glaubhaft, aber dennoch wahr: Die Theorie Moses =
Echnaton ist alles andere als neu! Vielmehr erfährt sie bereits in
griechischen und lateinischen Texten ihre Bestätigung. Diese Ansicht
vertritt eine ganze Reihe namhafter Ägyptologen, darunter Donald B.
Redford und Jan Assmann. Sie fußen auf der Arbeit von Eduard
Meyer, Professor an der Universität Breslau.

Laut Assmann zeigte Meyer bereits 1904 auf, daß sich eine
»recht phantastische Geschichte von Aussätzigen und Juden, die
sich in Manethos ›Aigyptiaca‹ findet, nur auf Echnaton und seine
monotheistische Religion beziehen konnte«.

Manetho war ein ägyptischer Priester, der diese Erzählung im
dritten Jahrhundert v. Chr. zu Pergament brachte. Darin wird
Echnaton als Priester aus Heliopolis namens »Osarsiph« bezeichnet.
Osarsiph wechselt im Laufe der Geschichte seinen Namen und nennt
sich fortan *Moses*. Manetho ist freilich nicht der einzige, der einen
außerbiblischen Exodustext verfaßte. Insgesamt kennt die Altertumsforschung über ein Dutzend derartiger Versionen.

Damit wird auch klar, daß etwaige, in Tutanchamuns Gruft gefundene Papyri tatsächlich »wenig schmeichelhaft«, wie Carter sich gegenüber Lee Keedick ausdrückte, »für die Juden« sein würden *(siehe Anhang 4)*. Ein ägyptischer Herrscher als jüdischer Religionsstifter – das wäre sowohl für die arabische Welt als auch für das Judentum ein religionspsychologischer Schock. Die Konsequenzen wären nicht kalkulierbar. Man denke nur an die extremistischen Glaubensfundamentalisten. Und selbstverständlich würde auch das Christentum von einem derartigen Inhalt der Rollen berührt. Wie sollte ein Papst auch erklären, daß sein Glaube an den einen wahren Gott und ganze Kapitel des Alten Testaments unmittelbar zurückgehen auf Aton, den ersten universellen und gestaltlosen Gott, der dennoch nichts anderes darstellte als einen heidnischen Götzen, der vom Volk abgelehnt und bereits nach wenigen Jahren verfolgt wurde und in der Bedeutungslosigkeit verschwand?

Es versteht sich von selbst, daß in diesem Falle wohl Konsens bei den drei betroffenen Weltreligionen bestünde, derartige Schriften vor der Öffentlichkeit zu verbergen, da sonst die Gefahr eines religiösen Flächenbrandes heraufbeschworen würde. Dies um so mehr, als auch die Politik massiv von derartigen Texten betroffen wäre. Araber, Juden und Christen hätten dann nämlich einen gemeinsamen Glaubensvater, eine gemeinsame historische Wurzel. Die Feinde von heute wären die Brüder von gestern, die erst durch die späteren geschichtlichen Entwicklungen zu unversöhnlichen Gegnern gemacht wurden.

Das ist auch der Grund für das immer wieder zu registrierende breite öffentliche Interesse an neu aufgefundenen Schriften. Deren Entdeckung verbreitet sich stets wie ein Lauffeuer um den Globus. Es ist schlichtweg die Angst der Menschen, ihren Glauben zu verlieren. Deshalb ist es das Bestreben der Regierungen, vor allem aber auch der Glaubenseinrichtungen, so viele derartige Schriften wie nur möglich in die eigenen Hände zu bekommen. Besondere Mühe gibt sich auf diesem Gebiet immer wieder Israel. Der kleine Staat hat sogar die mutmaßlich größte archäologische Aktion aller Zeiten durchgeführt, um noch unter der Erde verborgene, antike Texte aufzuspüren und ihrer habhaft zu werden. Der Name des Unternehmens: »Operation Schriftrollen«. Das Projekt enthüllt, mit welchen Mitteln und Methoden Staat und Forschung bisweilen vorgehen, um antike Dokumente brisanten Inhalts aufzuspüren.

Intermezzo XXX

Eigenen Angaben zufolge öffnete Howard Carter die versiegelte Tür zur Vorkammer von Tutanchamuns letzter Ruhestätte im Tal der Könige am 26. November 1922. Die Vorkammer ist mit acht Metern Länge bei 3,60 Metern Breite der größte Raum des gesamten Grabes.

»Sieben Wochen«, schreibt Carter in seinem Vorbericht, »brauchten wir im ganzen, um die Vorkammer auszuräumen. ... Mitte Februar (1923, Anm. d. Verf.) war unsere Arbeit in der Vorkammer beendet.« Am 2. Februar 1932 meldete die »Times«: »Eine letzte Ladung der Funde, ... wurde heute nach Kairo geschickt. Mit dieser Sendung wird Mr. Howard Carters zehnjährige Arbeit am Grab abgeschlossen.«

*Bis heute hat niemand eine plausible Erklärung dafür gefunden, warum das Ausräumen der größten Kammer lediglich sieben kurzer Wochen bedurfte, für die restlichen drei kleineren aber volle zehn **Jahre** zur vollständigen Freilegung notwendig waren.*

Kapitel 31

Operation Megillah

Großfahndung nach Schriftrollen

Tunis, 9. September 1993. Palästinenserchef Yassir Arafat unterzeichnet die Urkunde, in der die Anerkennung Israels durch die Palästinensische Befreiungsorganisation festgelegt ist. Im Gegenzug wird vereinbart, Arafats Landsleuten weitgehende Autonomie zu gewähren. Das beinhaltet auch die Übergabe der Verwaltungsorgane an die Palästinenser. Hierzu zählen selbstverständlich auch die archäologischen Einrichtungen.

Yassir Arafat ahnt nicht einmal, als er sein Signum unter das Vertragswerk setzt, daß exakt zu diesem Zeitpunkt auf israelischer Seite bereits die Vorbereitungen für ein in der Geschichte der Archäologie beispielloses Unternehmen auf Hochtouren laufen. Sein Name: »Operation Megillah«.

Das Ziel von Megillah ist klar definiert: Bis zum Abzug der israelischen Verwaltungsbehörden aus der jordanischen West-Bank sollen dort an den wichtigsten bekannten, aber noch nicht erkundeten archäologischen Schauplätzen »Not- oder Schnellgrabungen« erfolgen – mit der unverhohlenen Absicht, die dabei zutage geförderten Fundstücke in israelischen Staatsbesitz zu überführen.

Die Megillah-Unternehmungen werden mit derselben Gründlichkeit vorbereitet wie die Undercover-Unternehmen des berüchtigten israelischen Nachrichtendienstes Mossad – allerdings mit einem kleinen, aber markanten Unterschied: Megillah unterliegt nicht der Geheimhaltung. Im Gegenteil, die Presse wird von der federführenden Institution sogar vorab über die geplante Aktion in Kenntnis gesetzt.

Die federführende Institution ist in diesem Fall die israelische Behörde für Altertümer unter ihrem Direktor Amir Drori. Ihr obliegt die gesamte Planungs-, Kommando- und Entscheidungskompetenz für Megillah. Doch die »Israel Antiquities Authority« steht nicht allein da. Unterstützt wird sie unter anderem vom »Büro für archäologische Angelegenheiten der Zivilverwaltung von Jericho und der Judäischen Wüste«.

Der Codename der Operation ist zugleich ihr Programm. Megillah ist der hebräische Ausdruck für »Schriftrolle«. Und genau auf die haben es die jüdischen »History-Fahnder« auch in erster Linie bei dem archäologischen Mammuteinsatz abgesehen. Sie hoffen, bisher noch unentdeckte Schriftrollen in den bekannten Qumran-Höhlen oder dem daran angrenzenden Territorium zu entdecken.

Die Qumran-Schriftrollen sind nach dem Schatz des Tutanchamun der wohl bekannteste archäologische Fund des 20. Jahrhunderts. Ein junger Hirte war im Frühling 1947 auf der Suche nach einem verirrten Schaf auf die erste Fundhöhle gestoßen. Darin befanden sich in Tonkrügen deponierte, teilweise außerordentlich gut erhaltene Schriften. Die archäologische Sensation war perfekt. Doch es sollte noch besser kommen: Die bekannteste, weil am besten erhaltene Rolle erzählt die Geschichte des biblischen Propheten Jesaja. Der Jesaja-Text ist exemplarisch, denn inhaltlich widmen sich die Schriftrollen überwiegend religiösen Themen. Das erhöhte einerseits die Spannung der Fachwelt wie der interessierten Gläubigen und Laien, ließ in der Folge aber auch Mißtrauen an der wissenschaftlichen Bearbeitung aufkommen.

Megillah soll nun eventuell übersehene Fundstücke bergen und vielversprechende Areale auf mögliche neue Entdeckungen hin untersuchen. Die Chancen hierfür, das wissen die israelischen Grabungsprofis selbst am besten, stehen alles andere als gut, aber immerhin doch besser als je zuvor. Denn als Ende Oktober 1993 sämtliche Vorbereitungen abgeschlossen waren, verfügte die Operation Megillah laut Auskunft von Efrat Orbach, der Sprecherin der israelischen Altertümerverwaltung, über nicht weniger als sechzehn Forschungsteams. Sechzehn Erkundungsmannschaften für ein und dasselbe Grabungsterritorium – das ist zweifelsohne weltrekordverdächtig!

Den Schwerpunkt der Feldaktivitäten bildeten drei benachbarte Sektoren:

- die Umgebung der Stadt Jericho,
- das Gebiet der Qumran-Siedlung mit den angrenzenden Höhen und Höhlen bis hinab zum Toten Meer sowie
- das sich daran in südlicher Richtung anschließende Westufer des Toten Meeres einschließlich bestimmter Regionen der Judäischen Wüste.

Damit waren die Claims abgesteckt, und die wohl größte wissenschaftliche Fahndungsaktion aller Zeiten nach verschollenen antiken

Dokumenten konnte beginnen. Es ist Anfang November 1993 – die Operation Schriftrollen tritt in die entscheidende Phase: die archäologische Feldarbeit.

Gleichzeitig vollziehen die Israelis einen äußerst geschickten, weil kaum merklichen Wandel in ihrer Informationspolitik. Die neue Devise lautet plötzlich: »Viel reden, aber nur ja nichts aussagen!«

Insofern lassen sich die nachfolgenden Ereignisse während des Ablaufs der Operation nur sehr schwer und lückenhaft rekapitulieren. Zwar stütze ich mich größtenteils auf schriftlich vorliegendes Material, dennoch kann nicht ausgeschlossen werden, daß neue Quellen eine Revision oder Ergänzung des jetzigen Informationsstandes verlangen. Hier also der Ablauf von Megillah, wie er sich heute darstellt:

Anfänglich läuft alles exakt nach Plan. Das größte Problem für die einzelnen Gruppen besteht in dem für sie völlig ungewohnten Arbeitstempo. Schliemanns Enkel führen ein Rennen gegen die Zeit. Altertümerbergung aber ist arbeits- und zeitintensiv, erfordert Genauigkeit, Sorgfalt und Vorsicht. Bei Megillah treten diese Prämissen aufgrund des unkalkulierbaren Zeitfaktors jedoch in den Hintergrund.

Alles in allem aber ist Direktor Amir Drori mit dem Verlauf des Unternehmens zufrieden, zumal sich bereits nach wenigen Tagen die ersten Grabungserfolge einstellen. Selbstverständlich werden die Medien darüber ausführlich unterrichtet. So berichtet das israelische Blatt »Maariv« bereits am 19. November 1993: »Nahe Jericho Schriften aus der Bar-Kochba-Zeit gefunden.« Bar Kochba war ein jüdischer Freiheitskämpfer, der von 132 bis 135 n. Chr. einen Aufstand gegen die römische Besatzung anführte. Aus dieser Zeitperiode stammen die insgesamt zwölf Papyrusfragmente, die in einer Höhle auf dem Kurantul-Bergkamm vor der Stadt Jericho entdeckt wurden.

»Wissenschaftler der israelischen Altertümerverwaltung«, informiert das Blatt »Maariv« seine Leser ergänzend, »entdeckten die Papyri am fünften Tag der Operation Megillah, welche die Behörde im Gebiet von Jericho durchführt.« Und Hanan Eshel, Archäologe an der Bar-Ilan-Universität, teilt noch mit, daß er bereits »zehn Jahre zuvor« in derselben Höhle einige Rollenreste gefunden hatte.

Und kaum zwei Wochen nach dem Bar-Kochba-Fund konnten die Megillah-Verantwortlichen einen weiteren aufsehenerregenden Fund bekanntgeben. Dessen Lokalisierung fand sogar in europäischen Medien Widerhall. So berichtete die Münchner »Süddeutsche Zeitung« am 27. November 1993: »Israelische Forscher haben im besetzten Westjordanland das fünftausend Jahre alte Skelett eines Soldaten entdeckt, der in einer Höhle nördlich von Jericho bestattet worden war.« Der Artikel fährt fort: »Es wurden während der Operation Schriftrollen gefunden, einer groß angelegten Suche nach möglichen weiteren schriftlichen Zeugnissen aus der Zeit Jesu, die die berühmten Schriftrollen vom Toten Meer ergänzen würden. Die Israelis bemühen sich, vor ihrem Abzug aus den besetzten Gebieten noch so viele wertvolle Funde wie nur möglich zu erhalten.«

Nach meinen Unterlagen war diese Meldung für fast zwei Jahre die letzte bekannt gewordene offizielle Verlautbarung über die Operation. Bis heute liegen die Gründe dafür völlig im Dunkeln. Mit Erfolglosigkeit der Grabungen kann dieser totale Nachrichtenabbruch jedenfalls nicht erklärt werden, denn es gibt wohl keine einzige archäologische Feldkampagne, die mit wirklich absolut leeren Händen am Ende der Saison dagestanden wäre. Und bei Megillah sollen gleich sechzehn Suchteams in einem so überaus geschichtsträchtigen Reservoir wie dem Nahen Osten kollektiv nur archäologische Nieten gezogen haben? Dazu äußerte mir gegenüber ein deutscher Ägyptologe telefonisch: »Das glauben die doch selber nicht. Da hätten sie sich wirklich eine intelligentere Vorgehensweise einfallen lassen können.« Dieser Einschätzung kann man sich nur anschließen, denn irgendetwas ist faul an der ganzen Sache. Werden wir die vollständige Wahrheit je erfahren?

Die Operation Megillah ist jedenfalls ein Paradebeispiel dafür, mit welch hohem Personal-, Material- und Finanzaufwand interessierte Kreise versuchen, gezielt antiker Schriftstücke historischen und religiösen Inhalts habhaft zu werden.

Man kann sich unschwer vorstellen, daß ähnliche Anstrengungen auch von anderen Staaten oder Einrichtungen unternommen werden. Oder sollen wir etwa glauben, daß – beispielsweise – der Vatikan tatenlos bleibt, wenn Schriften »auf dem Markt« auftauchen, die für seine göttliche Lehre eine Gefahr darstellen?

Selten allerdings dringen derartige »Fahndungen« bis in die breite Öffentlichkeit vor. So verhielt es sich zunächst auch mit einer äußerst interessanten Schrift über Tutanchamuns Papyri. Jahrelang schlummerte sie weitgehend unbeachtet in einer Universitätsbibliothek. Dann aber sorgte der Fachartikel für weltweites Aufsehen.

Intermezzo XXXI

Selbst nach der »Operation Megillah« kamen im Qumran-Gebiet weitere spektakuläre Funde ans Licht. Der vielleicht mysteriöseste gelang im Jahr 2000 einem amerikanisch-israelischen Forscherteam in einer bis dahin unbekannten Höhle – nur wenige hundert Meter vom ursprünglichen Fundort der Qumran-Rollen entfernt. Was die Forscher vorfanden, war gelinde gesagt ungewöhnlich: einen leeren Sarkophag aus Zink. Derartige Objekte hatten Archäologen in Israel bislang noch nie zu Gesicht bekommen.

*Doch damit nicht genug: Laut einer 2003 veröffentlichten metallurgischen Analyse handelt es sich um »reines Zink«. Das macht den Fund noch wertvoller – weil es ihn gar nicht geben dürfte. **Reines** Zink kommt in der Natur nämlich überhaupt nicht vor. Die ersten technischen Verfahren zur Gewinnung von Zink pur wurden erst gegen Mitte des 18. Jahrhunderts entwickelt. Zu diesem Zeitpunkt existierte die Qumran-Gemeinde schon seit mindestens 1 600 Jahren nicht mehr.*

Kapitel 32

Göttingen und das Geheimnis der Wächterstatuen

Tutanchamuns Papyri sorgen für Schlagzeilen

Wer der Erste war, der die Meldung publizierte, läßt sich heute nicht mehr feststellen. Sicher ist aber, daß die meisten Medien sofort auf den Zug aufsprangen, als sie von der Nachricht erfuhren. Und das aus gutem Grund: Die Information bezog sich nämlich auf den Verbleib von etwas, das es angeblich nie gegeben hat – die verschollenen Schriften aus Tutanchamuns Grab.

Und was da zu lesen war, klang wahrhaft sensationell. So schrieb »Bayerntext«, der Videotext des Bayerischen Fernsehens, am Abend des 16. Oktober 1990 in einer Kurzmeldung: »Der britische Forscher Nicholas Reeves vom Britischen Museum in London glaubt, die Tutenchamun-Papyri entdeckt zu haben« *(siehe Anhang 5)*. Und in der »Süddeutschen Zeitung« des darauffolgenden Tages war unter der Schlagzeile »Pharao-Papyri in Statuen vermutet« unter anderem zu lesen: »Eines der letzten großen Geheimnisse um das Grab des ägyptischen Pharaos Tutenchamun ist möglicherweise gelöst. Der Wissenschaftler Nicholas Reeves vom Britischen Museum in London glaubt, dem Versteck der Papyrusrollen auf die Spur gekommen zu sein, nach denen Ägyptologen seit der Entdeckung des Grabs im November 1922 vergeblich gesucht hatten« *(siehe Anhang 6)*.

Nach Reeves Vermutung sollten die Dokumente in den zwei lebensgroßen, schwarz-goldenen Wächterstatuen versteckt sein, die zu beiden Seiten des versiegelten Eingangs zur Grabkammer positioniert waren. Und Reeves-Mitarbeiter Jeoffrey Spencer bekräftigte: »Die Wahrscheinlichkeit ist groß, daß die Papyri tatsächlich vorhanden sind.«

Woher stammten all diese Informationen?

Die Realität schlägt manchmal jeden Roman. So auch in diesem Fall, denn erneut führte die Recherche nach Deutschland, wiederum in eine bekannte Universitätsstadt – diesmal nach Göttingen. Hier erscheint ein kleines Fachblatt, »Göttinger Miszellen« genannt, das faktisch nur Insidern bekannt ist. Die »Göttinger Miszellen« beinhalten »Beiträge zur ägyptologischen Diskussion«.

Derartige Expertenartikel sind meist langweilig und schwer verständlich. Mit etwas Geduld aber findet man gelegentlich thematisch hochinteressante Beiträge – wie zum Beispiel in Heft 88 aus dem Jahr 1985. Ich räume ein, daß ich vollkommen überrascht war, daß eine Fachschrift über Tutanchamuns Papyri berichtete – und das neuerlich in Deutschland. Ihr Titel: »TUTANKHAMUN AND HIS PAPYRI« Sie ist bis zum heutigen Tag die einzige ägyptologische »Expertise« über die Schriftrollen in KV 62 *(siehe Anhang 7)*.

Der Verfasser war tatsächlich Nicholas Reeves, ein damals junger, englischer Ägyptologe. Der Medienrummel im Herbst 1990 galt also einer Story, die zu diesem Zeitpunkt eigentlich schon ein halbes Jahrzehnt alt war. Als Beweggrund für seine Studie schrieb Reeves: »Abgesehen von einem einzelnen, zerfallenen Fetzen mit einem ›Ritual‹ bei der Mumie wurden keine Papyri gefunden. Diese Art von schriftlichem Material fiel nur durch seine Abwesenheit auf.«

Basierend auf dieser Tatsache stellte er zutreffend fest, »daß die Gründe für die bemerkenswerte Absenz der Papyri im Grab von Tutanchamun bis heute nicht zufriedenstellend geklärt werden konnten«. Reeves äußert in seiner Publikation die Vermutung, daß die Schriftrollen in den zwei lebensgroßen Wächterstatuen aufbewahrt worden sein könnten. Er beruft sich bei seiner Theorie auf eigene Untersuchungen. Dabei fielen ihm im Rücken der Statuen gewisse Unebenheiten in der Bearbeitung auf. Der Brite schlußfolgerte daraus, daß diese Unregelmäßigkeiten von einer dünnen Kalksteinschicht herrühren könnten, die möglicherweise ein Geheimfach mit Handschriften unbekannten Inhalts verbirgt.

Das enorme Presseecho verfehlte seine Wirkung nicht. Bereits am 19. Oktober 1990 konnte die »Deutsche Presseagentur« (dpa) eine Meldung über die (ungewöhnlich prompte) Reaktion der ägyptischen Antikenverwaltung durch die Fernschreiber jagen. Darin heißt es: »Mit Röntgenstrahlen und Mikroskop-Untersuchungen wollen ägyptische Archäologen eines der letzten großen Geheimnisse um das Grab des ägyptischen Pharaos Tutanchamun lüften. Nachdem der Wissenschaftler Dr. Nicholas Reeves vom Britischen Museum in

London Papyrusrollen in den lebensgroßen vergoldeten Wächterstatuen vermutet hatte, will die ägyptische Altertumsbehörde jetzt entsprechende Nachforschungen einleiten.«

Zu dem Ergebnis dieser Untersuchungen hat der bekannte französische Ägyptologe und Schriftsteller Christian Jacq eigens in einer Fußnote seines Buches »Im Bann des Pharaos« angemerkt: »... im Jahre 1990 hat man dank einer Röntgendurchleuchtung die Gewißheit erlangt, daß zu Tutanchamuns Schatz gehörende Statuen Papyri enthielten.«

Diese Zusatzbemerkung ist hochinteressant, denn entweder ist sie nicht zutreffend und beruht auf der irrtümlichen Gleichsetzung der Ankündigung entsprechender Ermittlungen mit deren Ausführung, oder aber Jacq verfügt über Informationen vertraulicher Art über das Ergebnis geheimer Analysen der Ägypter.

Reeves jedenfalls gab mir gegenüber in einem Interview in Basel zu verstehen, daß die Ägypter entgegen ihrer Ankündigung keinerlei eigene Untersuchungen veranlaßt haben. Diese habe er erst Jahre später persönlich gemeinsam mit einem Team aus Japan vorgenommen. Leider mit negativem Ergebnis. An den von Reeves vermuteten Stellen kamen keine Hohlräume zum Vorschein, die Statuen sind durch und durch aus massivem Holz. Es spricht also alles dafür, daß Christian Jacq ein Fehler unterlaufen ist beziehungsweise er eine Fehlinformation erhalten hat.

Gleiches muß man wohl über die von Manfred Dimde verbreitete Information, in jedem Wächter sei eine Schriftrolle deponiert gewesen, feststellen. Falls die beiden Papyri tatsächlich existieren, sind sie unmöglich in den Hütern plaziert gewesen. Vielleicht beruht aber auch in diesem Fall alles auf einem Mißverständnis, denn unmittelbar neben der links von der versiegelten Wand zur Sargkammer stehenden Statue befindet sich ein Bettgestell, auf dem der Kasten Nummer 63 gelagert war.

Kasten 63, haben wir bereits erfahren, ist einer der beiden möglichen Fundorte der Papyri in der Grabvorkammer. Vielleicht müßte man genauer formulieren, daß die Schriftrollen nicht *in* den Wächtern versteckt waren, sondern *bei* ihnen oder in deren Nähe. Es ist leider nicht auszuschließen, daß Sprach- oder Verständnisfehler hier gänzlich unbeabsichtigt zu Ungenauigkeiten, wenn nicht gar zu glatten Falschinformationen geführt haben.

Dennoch müssen Nicholas Reeves' Anstrengungen nicht umsonst gewesen sein, denn seine Arbeit hat noch eine weitere Möglichkeit aufgezeigt, warum in dem Grab befindliche Papyri bis heute nicht auffindbar waren. Die Schriften können nämlich das Mausoleum unbemerkt und ungewollt verlassen haben – aber nicht diebstahlbedingt, sondern sogar unter den aufmerksamen, aber zugleich ahnungslosen Augen der Bergungsmannschaft.

Auffällig ist aber, daß Nicholas Reeves in seiner Schrift mit keiner einzigen Silbe auf andere Hinweise auf Tutanchamuns Papyri eingeht. Er ignoriert sowohl die Keedick-Papiere als auch Professor Steindorffs Angaben völlig. Im letzteren Fall behauptet er, »davon nichts gewußt« zu haben. Zu den Moses-Schriftrollen blieb er meiner Frage die Antwort schuldig, weil er sich jetzt seinen »Sponsoren widmen« müsse.

Intermezzo XXXII

Wer hofft, noch etwas über einen möglichen dritten Schatz auf Highclere Castle in den Privatpapieren Lord Carnarvons ausfindig machen zu können oder gar über die Moses-Schriftrollen, wird leider herb enttäuscht. Die meisten seiner privaten Papiere und Aufzeichnungen sind nämlich für immer verloren. Sie wurden 1940 bei einem Angriff durch die Deutsche Luftwaffe zerstört. Etwa auch die Papyri aus Tutanchamuns Grab?

Kapitel 33

Nur die Spitze des Eisbergs?

Ungewöhnliches Projekt sucht Sponsoren

Nicholas Reeves' Vermutung bestätigte sich also nicht. Und doch könnte sie sich eines Tages als im Grundsatz richtig herausstellen.

Denn die Theorie des Engländers fußt auf hieb- und stichfesten ägyptologischen Erkenntnissen. Es ist zwar kaum bekannt, aber man hat bereits mehrfach in ägyptischen Statuen versteckte Papyrusrollen entdeckt. Auch in Pharaonengräbern, auch im Tal der Könige. So fanden sich Schriftrollenverstecke

- in KV 35, dem Grab von Pharao Amenophis II. aus der 18. Dynastie. Hier enthielt eine Statuette einen zusammengerollten Papyrus.

- in KV 6, angelegt von König Ramses IX. in der Spätzeit des Neuen Reiches. Dort entdeckte der Forscher Henry Salt eine bis dahin vollkommen unbekannte Unterweltsgottheit mit einem verschließbaren Fach, in dem eine Papyrusrolle zum Vorschein kam.

Hauptsächlich aber sprach ein Fund für die Vermutung, der dem italienischen Abenteurer Giovanni Belzoni 1817 im Grab Sethos I. gelungen war. Es handelt sich um eine Statue des Königs, die einem der beiden Wächter aus Tuts Grab verblüffend ähnelt. Das Standbild gelangte schließlich in das British Museum und ist dort unter der Inventarnummer EA 61283 registriert. Auf dem Rücken der Statue zeigen sich die gleichen Unebenheiten wie bei ihren Vorläufern aus Tutanchamuns Grab. Und bei der Sethos-Plastik entdeckten Forscher zur eigenen Verwunderung tatsächlich eine Höhlung zur Aufnahme einer Papyrusrolle.

Der Schluß, die beiden lebensgroßen Darstellungen Tutanchamuns enthielten ebenfalls Schriftstücke, war also nicht nur plausibel, sondern eigentlich fast zwingend. Es spricht Bände, daß vor

Nicholas Reeves offensichtlich noch kein anderer Ägyptologe diese Mutmaßungen anstellte.

Aber wenigstens bekam er seinerzeit laut dpa Rückendeckung von seinen Berufskollegen. Die Nachrichtenagentur ergänzte ihre Meldung über die Tut-Papyri jedenfalls um die Feststellung: »Europäische Archäologen in Kairo halten es für sehr gut möglich, daß die Papyri in von Kalkstein verschlossenen Hohlräumen im Inneren der im Ägyptischen Museum aufgestellten Grabwächter stecken.«

In abgewandelter Form ist diese Einschätzung auch heute noch aktuell. Zwar wissen wir, daß die Wächter keine Papyri enthalten oder enthielten, aber die zwei Figuren stellen nicht einmal die Spitze des Eisbergs dar. Fanden sich doch in Tuts Grab Dutzende Statuen verschiedenster Gottheiten und Personen. Hinzu kommen über dreihundert Uschebtis – Dienerfiguren, die dem König im Jenseits jegliche Arbeit abnehmen sollten –, die ebenfalls untersucht gehören. Insgesamt existieren also zwischen zweihundertfünfzig und dreihundert Objekte, die der Theorie von Reeves entsprechen könnten. Sie alle gehören gründlich durchleuchtet.

Doch eine derartige Aktion wäre zeitaufwendig und teuer. Praktisch entspräche der zu leistende finanzielle Aufwand ungefähr dem für mindestens eine, vielleicht sogar zwei komplette Grabungskampagnen. Andererseits würde sich der Einsatz im Erfolgsfalle sicher amortisieren. Viele Museen und ägyptologische Projekte erfahren generöse Unterstützung durch private Geldgeber oder Wirtschaftsunternehmen. Wie wäre es, wenn derartige Mäzene einmal nicht den Ankauf teurer Exponate ermöglichen würden, sondern das Sponsoring für dieses Vorhaben übernähmen?

Die Entdeckung antiker Texte in einer der Statuen wäre jedenfalls eine archäologische Sensation – und auch Nicholas Reeves hätte zweifellos seine helle Freude an dem Fund. Doch das betrifft die Zukunft und noch mögliche, unentdeckte Rollen.

Zumindest in der Vergangenheit aber, so besagen es jedenfalls verschiedene Pressemeldungen, hat schon die eine oder andere geheime Suchaktion nach den Papyri stattgefunden. Erinnern wir uns: Die »Süddeutsche Zeitung« behauptet in ihrem Artikel »Pharao-Papyri in Statuen vermutet« vom 17. Oktober 1990, daß »Ägyptologen seit der Entdeckung des Grabes im November 1922 vergeblich« die Texte gesucht hatten. Gleichlautend schreibt die »Deutsche Presseagentur«: »Archäologen haben seither erfolglos nach Schriftrollen aus dem ›Totenbuch‹ geforscht, die bei den alten Ägyptern als

Grabbeigabe üblich waren.« Gibt es also doch Experten, die Steindorffs Angaben sehr ernst nehmen?

Es ist mir leider nicht vergönnt gewesen, den Ursprung dieser Angaben ermitteln zu können. Entweder handelt es sich bei diesen Informationen um eine »Ente«, oder die Autoren sind hier auf einen Insider, eine absolute Top-Quelle gestoßen. Jedenfalls ist kein Wissenschaftler bekannt (selbstverständlich außer Nicholas Reeves), der öffentlich eingestanden hätte, daß er auf der Suche nach den verschollenen Schriftrollen aus dem Grab im Tal der Könige wäre.

Und damit kommen wir zur Gretchenfrage nach dem Verbleib der Papyri. Selbstverständlich gibt es unzählige Möglichkeiten. Doch wenn man die Spreu vom Weizen trennt, stellt sich sehr schnell heraus, daß einige Spuren besonders »heiß« zu sein scheinen. Sie führen primär in Howard Carters Heimat Großbritannien. Unter anderem an einen ihm besonders gut bekannten Ort: Schloß Highclere, den Stammsitz seines Mäzens Lord Carnarvon.

Intermezzo XXXIII

Nicholas Reeves sorgte im Juli 2006 erneut für eine globale Berichterstattung. Er behauptet, im Jahr 2000 durch geophysikalische Messungen mutmaßlich ein weiteres Grab im Tal der Könige – KV 64 – lokalisiert zu haben. Merkwürdigerweise gab er sein Herrschaftswissen erst preis, nachdem sein Versuch, sich zum Mitentdecker des Sargdepots KV 63 zu erklären, auf wenig Beifall in der Gilde gestoßen war.

Reeves »KV 64« soll, wenn es denn tatsächlich existiert, unmittelbar an Tutanchamuns Mausoleum angrenzen und praktisch auf halbem Weg zwischen dieser Anlage und dem erst unlängst freigelegten Komplex KV 63 in den Felsuntergrund geschlagen worden sein.

Kapitel 34

Das Phantom
von Highclere Castle

Besaß Lord Carnarvon drei Pharaonenhorte?

Als Stammsitz der Carnarvons ist Schloß Highclere selbstverständlich eine der ersten Adressen für die Aufbewahrung etwaiger von Carter und seinem Geldgeber illegal aus Ägypten ausgeführter Schriftrollen – möchte man meinen. Die Realität sieht etwas anders aus.

Nach dem Ableben »Porchys« im Frühjahr 1923 interessierte sich niemand mehr auf Schloß Highclere für dessen veritable Sammlung ägyptischer Antiken, wohl aber für deren finanziellen Wert. Nach längeren Verhandlungen erhielt 1927 überraschend nicht, wie man erwarten möchte, das Londoner British Museum den Zuschlag, sondern das New Yorker Metropolitan Museum.

Auf Highclere war man froh, das »ägyptische Zeugs« los zu sein. Besonders die esoterischen Belangen gegenüber aufgeschlossene Witwe, Lady Almina, war wegen der verbreiteten Mär vom Fluch des Pharao stets beunruhigt über die Ansammlung an ägyptischen Artefakten. Sie war erst erleichtert, als das letzte Exponat das Anwesen verlassen hatte. Von da an durfte auf Highclere nicht mehr über das »Ägypten-Abenteuer«, wie sie es ausdrückte, gesprochen werden.

Lady Almina befand sich im Irrtum, denn auf Highclere lagerte ein zweiter Pharaonenschatz, von dem aber offenbar niemand Kenntnis hatte. Niemand, bis auf den alten Butler Robert Taylor. Die ganze Sache wurde erst über sechzig Jahre nach dem Verkauf der ersten Sammlung publik. Insgesamt kamen bei der hausinternen Fahndung rund dreihundert Artefakte zum Vorschein. Allerdings nicht sorgfältig verwahrt und betreut, sondern an den unmöglichsten Stellen versteckt. Beispielsweise fand sich in einer Staukammer ein kostbarer Skarabäus, eingeklemmt zwischen den Rohren des Heizkörpers. Und im Weinkeller kam eine wertvolle Alabasterkanne hinter einem Regal edler Getränke zum Vorschein. Allerdings stellten sich in den Medien kursierende Gerüchte, es seien auch mehrere Papyri aufgetaucht, als nicht stimmig heraus. Lediglich ein fragmentarischer Papyrus kam zum Vorschein, der aber zweifelsfrei aus einer jüngeren Epoche stammte als die, in der Tutanchamun regierte.

Niemand kennt die Fundhistorie. Es ist vollkommen unklar,

• wie viele Artefakte auf diese Weise auf Highclere »verwahrt« wurden.

• wer die Antikas an den außergewöhnlichen Stellen einlagerte.

• warum diese Objekte über sechzig Jahre unentdeckt blieben.

Auffällig ist hingegen, daß der zweite Highclere-Schatz nicht ein einziges Fundstück aus KV 62 beinhaltete. Das wiederum kann zweierlei bedeuten: Entweder umfaßte Hort Nummer 2 keine derartigen Objekte (weil man sie komplett dem Metropolitan Museum verkauft hatte), oder aber sie liegen noch unentdeckt auf Highclere Castle, in einem besonders sicheren und geheimen Versteck, das nicht einmal der Schloßherr kennt. Das wäre dann der dritte Carnarvon-Schatz. Die Möglichkeit, daß dieser Hort auch Papyri enthält, ist aufgrund der Erfahrungen mit den beiden ersten Sammlungen durchaus gegeben. Sowohl bei Sammlung 1 als auch bei Sammlung 2 bereicherten antike Handschriften die jeweilige Kollektion. Warum sollte das in einem eventuellen dritten Fall anders sein?

Selbstverständlich ist Highclere Castle nicht der einzige Ort in England, an dem sich die Papyri befinden könnten. Neben der bereits erwähnten Vorliebe gewisser Kreise, brisante Schriftrollen in Bankschließfächern zu deponieren, sind in diesem Fall vielleicht die Informationen von Manfred Dimde hilfreich und verfolgenswert.

Rekapitulieren wir kurz: Dimdes englischer Gewährsmann behauptete Ende des 20. Jahrhunderts, die Schriftrollen aus KV 62 seien seinerzeit aus Ägypten heraus in die britische Hauptstadt geschmuggelt worden. In London wurden die Texte auf den beiden Papyri aus der Zeit Echnatons sofort entschlüsselt und übersetzt. Kaum war die Arbeit abgeschlossen, verschwanden beide Rollen umgehend – falls sie denn wirklich existieren. Denn wie wir wissen, können die Papyri unmöglich in dem Wächter-Duo aufbewahrt worden sein, weil beide Königsdarstellungen aus massivem Holz gefertigt sind und keine Höhlungen unter dem Schurz aufweisen. Zumindest dieser Erzählabschnitt des geheimnisvollen Briten ist ergo, aus welchen Gründen auch immer, unzutreffend. Aber deshalb muß nicht die ganze Geschichte unwahr sein. Denn daß die Papyri in London bearbeitet wurden, ist wiederum sehr einleuchtend. Hier wohnte Carter, und hier befindet sich das British Museum mit seiner »Expertenarmee«.

Das British Museum. Was wird uns aus seinen Archiven und Magazinen alles vorenthalten? Wie dieses »ehrenwerte Haus« vorzugehen pflegt, sei kurz an einer Begebenheit aufgezeigt, die dem Bestsellerautor Michael Baigent passiert ist – in London. Baigent nahm in einem englischen Bankhaus an der Versteigerung von zwei Truhen teil, deren Inhalt aus Hunderten von Papyrustextfragmenten in verschiedenen Sprachen sowie beschrifteten Teilen von ägyptischen Mumienbinden bestand. Durch einen glücklichen Umstand war es ihm erlaubt, rund zweihundert Fotos von dem Schriftenschatz zu knipsen. Einen Satz, nebst Negativen, bekam der Verkäufer, ein Jordanier. Der ahnte nicht, daß Baigent sich einen zweiten Satz für seinen persönlichen Gebrauch angefertigt hatte. Damit ging er schnurstracks zum British Museum in London. Dort bat Baigent darum, für ihn einen Fachmann ausfindig zu machen, der sich die Fotos anschauen könne, ob die Texte von Bedeutung seien. Zu diesem Zweck legte er die Bilder vertrauensvoll in die Obhut der altehrwürdigen Einrichtung. Was danach passierte, sei wörtlich zitiert: »Wochen vergingen. Ich hörte nichts vom British Museum. Ich sollte nie wieder von den Bildern hören.«

Und nicht anders würde man mutmaßlich auch im Falle der Moses-Schriftrollen verfahren. Welches Museum auch immer, derart brisante Texte würden, falls sie nicht schon öffentlich geworden sind, sofort in den Kellerräumen verschwinden, oftmals in dicken Panzerschränken. Wir haben ja diesbezüglich von einigen Beispielen Kenntnis erhalten.

Dennoch ist England die erste Adresse, wenn es darum geht, den Papyri nachzuforschen. Viele Mitglieder des Ausgräberteams stammten von der »Insel«. Und über deren Hinterlassenschaften lassen sich vielleicht aussichtsreiche, neue Ansatzpunkte für die weitere Beschäftigung mit diesem Rätsel finden.

Aber vergessen wir darüber nicht die Steindorff-Rolle. Der Jude Steindorff emigrierte in den 30er-Jahren des 20. Jahrhunderts in die USA und baute sich trotz seines hohen Alters eine neue Existenz in Baltimore auf. Könnte dort die Fährte der Papyri wiederaufgenommen werden? Wenn wir an die Keedick-Papiere aus dem sonnigen Florida denken, ist das so unwahrscheinlich nicht.

Und da wären dann noch die klerikalen Kreise. Ob Moslem, Jude oder Christ, wer hätte schon seine Freude daran, erkennen zu müssen, daß sein Gott in Wirklichkeit Aton hieß und nichts weiter darstellt als das kurzlebige Gedankenkonstrukt eines verwöhnten altägyptischen Potentaten und dessen Gemahlin? Wie würden sich Ägypter und Israelis künftig verhalten, wenn definitiv feststehen würde, daß ein

Ägypter Anführer der Juden gewesen ist? Kein Zweifel: Jede Konfession wäre nach Kräften bestrebt, Schriften derartigen Inhalts in ihre Hände zu bekommen, um den Fortbestand ihrer Religion nicht zu gefährden.

Aus diesem Grund muß auch damit gerechnet werden, daß etwaige interessierte religiöse oder politische Kreise bereits ihre Macht darauf verwendet haben, die Rollen zu vernichten. Man kann also eine Zerstörung der Dokumente nicht ausschließen.

Wahrscheinlich ist sie indessen nicht. Jedenfalls dann nicht, wenn man sich die Theorien des Autors Gerald O'Farrell zu eigen macht. Dieser konstruiert in seinem Buch »The Tutankhamun Deception« eine Mordserie an unliebsamen Mitwissern über den Inhalt der in Tutanchamuns Gruft vorgefundenen Papyri.

O'Farrell wiederum beruft sich auf Ahmed Osman, einen ägyptischen Sachbuchautor, der ebenfalls zu der Ansicht kommt, Echnaton sei mit der Person Moses identisch. Leider beläßt Osman es nicht dabei. Letztlich gipfeln seine Annahmen in der Mutmaßung, Tutanchamun sei in Wahrheit Jesus Christus gewesen.

Beide Werke ersetzen mangelnde Recherche durch abstruse Spekulationen. Denn keine Silbe, geschweige denn ein Wort, verlieren sie über den zweiten Teil der Keedick-Papiere oder die Steindorff-Rolle. Dafür behauptet O'Farrell gleichwohl, daß sich in den Wächterstatuen doch Papyri befunden haben. Wenn aber die Ergebnisse der japanischen Untersuchungen nicht fehlerhaft sind, kann gerade das mit absoluter Sicherheit ausgeschlossen werden. Nein, im Falle der Moses-Schriftrollen bedarf es keiner internationalen Verschwörungstheorie. Sie mag sich zwar durchaus lukrativ vermarkten lassen, ist aber zu spekulativ und ignoriert essentielle Informationen vollständig.

Selbstverständlich existieren noch unzählige weitere Örtlichkeiten, die, als Verstecke mehr oder weniger geeignet, auf eine Suchliste gesetzt gehören. Falls Manfred Dimdes Angabe über die Untersuchungen der Papyri und der von ihnen gefertigten Abschriften und Kopien (ein »Institut« in »London«) zutreffen, wären wir wieder in der englischen Hauptstadt beim British Museum …

Wo Fakten fehlen, sprießen Gerüchte. Auch über den Verbleib der Moses-Schriftrollen wird heftig spekuliert. So bringen andere Autoren mehr oder minder fundiert berühmte Namen wie Rothschild oder Rockefeller ins Spiel. Vielleicht ist es jedoch ergiebiger, die Frage nach eventuellen Mitwissern der Papyri-Unterschlagung zu stellen und bei ihnen nach möglichen Hinweisen zu suchen.

Intermezzo XXXIV

Ob die Keedick-Papiere in Florida oder ein goldener Siegelring in New York: Immer wieder tauchen Dokumente und Exponate auf, die mit der Tutanchamun-Ausgrabung in direktem Zusammenhang stehen. So berichteten die Medien rund um den Globus im Frühjahr 2005 über einen Skarabäus, ein Schmuckstück in Form eines Blatthornkäfers, der sich im Besitz einer Witwe aus dem Großraum von Kapstadt in Südafrika befinden soll.

Wie die Zeitung »The Star« und die »Deutsche Presseagentur« übereinstimmend berichteten, behauptet die Dame, der wertvolle Schutz- und Glücksbringer sei 1922 bei der Öffnung (!) des Pharaonengrabes entwendet worden – also ungefähr im gleichen Zeitraum, zu dem auch die Schriftrollen aus der Gruft entnommen worden sein müssen.

Später habe ihn ein ihr bekannter Schiffskapitän in Kairo beim Glücksspiel gewonnen. Die anonyme Lady behauptet: »Einer der Männer am Spieltisch war ein Archäologe, der an der Ausgrabung beteiligt war. Als er verlor, bezahlte er mit dem Skarabäus seine Spielschuld.«

Der Kapitän soll das Kleinod seiner Tochter zum Präsent gemacht haben. Nach deren Tod gab ihre trauernde Mutter den stilisierten Käfer an die heutige Besitzerin weiter. »Ich habe ihn weggeschlossen«, erklärte sie. »In einem Banksafe.«

Kapitel 35

Testamente, Totenscheine und Geheimnisse

Mysteriöser als der »Fluch der Pharaonen«

Damit sind wir bei den möglichen Mitwissern des Rätsels um die Moses-Schriftrollen. Gibt es sie überhaupt? Das können wir zweifelsfrei bejahen, denn wir kennen mindestens zwei Personen, die zu Mitwissern gemacht wurden: Lee Keedick und Professor Steindorff. Somit haben wir bereits definitiv einen internationalen Kreis an Insidern: zwei Briten, Carnarvon und Carter, einen US-Bürger, Lee Keedick und der Deutsche Georg Steindorff.

Doch wir dürfen nicht nur, wir müssen sogar zwingend von einem größeren Kreis an Mitwissern ausgehen. Dafür sprechen schon die verschiedenen Medienberichte. So hatte die »Süddeutsche Zeitung« behauptet: »Seit der Entdeckung des Grabes im November 1922 haben Ägyptologen vergeblich nach den Schriftrollen gesucht.« Und die dpa stieß ins gleiche Horn: »Archäologen haben ... erfolglos nach Schriftrollen aus dem Totenbuch geforscht ...«.

Damit die Altertumsforscher ihre Recherchen überhaupt vornehmen konnten, benötigten sie konkrete Anhaltspunkte. Zu allererst werden in diesem Fall wohl Fachkollegen die Ansprechpartner gewesen sein. Zu ihnen zählte mit Sicherheit der Treueste der Treuen, Arthur »Pecky« Callender, Howard Carters zuverlässiger und stets loyaler Assistent. Es ist so gut wie ausgeschlossen, daß er nichts über die Moses-Schriftrollen und deren Inhalt wußte. Immerhin wohnten er und Carter fünfzehn Jahre miteinander im selben Haus. Aber gerade mit seinem Schicksal nach der Tut-Ausgrabung beginnen auch schon die rätselhaften, ja teilweise mysteriösen Begebenheiten unter den einstigen Mitgliedern der Bergungsmannschaften.

Wahrscheinlich starb Arthur Callender 1937 in Ägypten. Hundertprozentig sicher ist das freilich nicht, denn sein Name findet sich in keinem offiziellen Sterberegister. Weder in England noch in den britischen Konsulaten von Kairo und Alexandria steht ein entsprechender Vermerk. Dazu schrieb der Carter-Biograph H. Winstone: »Callenders Ableben im Alter von 61 Jahren blieb ein strenggehütetes Geheimnis.«

Auf der anderen Seite ist es durchaus nichts Ungewöhnliches, daß Informationen über das Ableben eines im Ausland Verstorbenen dessen Mutterland nie erreichen. Doch bei »Pecky« wird der Fall noch undurchsichtiger: In den archäologischen Verzeichnissen wird Callender bereits als 1931 verstorben geführt – sechs Jahre bevor er wirklich in Ägypten aus dem Leben schied! Bis heute ist völlig ungeklärt, wie es dazu kam. Auch Howard Carter hat sich zu den Hintergründen des »Falls Callender« nirgendwo öffentlich geäußert. Die nach Carter und Lord Carnarvon drittwichtigste Person der Tutanchamun-Bergung hat ihr Geheimnis bis heute bewahren können.

Auffällig ist in diesem Zusammenhang, daß sich die Ägyptologie in den letzten siebzig Jahren offensichtlich nie bemüßigt sah, die näheren Umstände von Callenders Schicksal zu erhellen. Es gibt Dutzende von Aufsätzen und Büchern über Howard Carter und den Earl. Eine Biographie Callenders sucht man vergeblich.

Kaum weniger nebulös ist der Fall von Henry »Harry« Burton, dem Fotografen des New Yorker Metropolitan Museums, der die mit Abstand meisten (und gelungensten) Fotos von der Inventarhebung des Grabschatzes aufgenommen hat. Carter und Burton waren einander immerhin so freundschaftlich verbunden, daß der Ausgräber ihn zu einem seiner beiden Nachlaßverwalter bestimmte.

Und um seinen eigenen »Letzten Willen« rankt sich auch Burtons persönliches Geheimnis. Sein Vermächtnis hat er in einem Testament in Llandudno in der Grafschaft Wales hinterlegt. Darin ist nichts Ungewöhnliches vermerkt. Als Universalerbin seiner Besitztümer wird seine Ehefrau Minnie begünstigt. Doch existieren zu diesem Schriftstück noch zwei Zusätze. Per Gerichtsentscheid wurden diese Papiere *unabhängig* vom Testament beglaubigt. Und der Inhalt dieser beiden Dokumente wird noch immer geheim gehalten. Warum?

Die »Akte Harry Burton« hält aber noch eine weitere Überraschung parat. Sogar die Llandudno-Verfügung wurde am 16. Juli 1941 neuerlich versiegelt. Allerdings nicht in Wales, wie man zunächst annehmen möchte, sondern vielmehr am höchsten ägyptischen Gerichtshof.

Wir sehen: Die Personen und Ereignisse rund um den Tutanch-amun-Hort wahren noch so manches brisante Geheimnis. Die Fälle dokumentieren ferner, daß es durchaus weitere Recherche-Ansätze im Hinblick auf die Papyrusrollen gibt. Die Mitwisser können aber auch im privaten Umfeld zu finden sein. So manchem Nachkommen mag gar nicht bewußt sein, daß er im Nachlaß aus Großvaters oder Urgroßvaters Zeit ein enorm bedeutsames Schriftstück achtlos in einem Karton auf dem Dachboden verwahrt.

Helfen könnte es auch, die Identität des »Phantoms von Highclere Castle« zu entlarven. Eines ist jedenfalls sicher: Seine Lordschaft selbst hat den zweiten Schatz mit Sicherheit nicht persönlich an diesen unangemessenen Plätzen gelagert. Warum überhaupt wurden die Artefakte dort versteckt – vielleicht um Platz zu schaffen für Objekte aus der Tutanchamun-Gruft, darunter die Moses-Schrift-rollen? Einer meiner Informanten gab mir in diesem Zusammen-hang den Ratschlag, sich bei den Nachkommen der Chef-Butler von Highclere zu erkundigen. Vielleicht schlummern ja bei ihnen – ähnlich wie bei Robert Keedick – noch ungehobene Aufzeichnungen auf den besagten Dachböden …

Intermezzo XXXV

*Unmittelbar vor Drucklegung dieses Buches erhielt ich
Nachrichten über angebliche Papyrusfunde in KV 63, der
neuentdeckten Anlage im Tal der Könige. Wiederholt sich
das Rätsel um die Moses-Schriftrollen?*
*Der in Spanien lebende kubanische Amateur-Ägyptologe
Georgeos Diaz-Montexano behauptet, ein Papyrusfragment
in KV 63 identifiziert zu haben. Grundlage seiner
Ansicht bilden Fotos eines aus der Kammer geborgenen
Gefäßes.*
*Am 31. März 2006 bestätigt der offizielle Entdecker von
KV 63, Otto Schaden, auf der Homepage des Teams, daß
man Papyrusfragmente in den vorgefundenen Stein-
behältern gefunden habe. Um wieviele Fragmente es sich
handelt, wird nicht angegeben. Kein Sterbenswörtchen
verliert Schaden auch darüber, ob die Fragmente Schrift-
zeichen tragen.*
*Ab 9. Juli 2006 ist auf der KV-63-Homepage zu lesen, daß
man in »Sarg E« Blumenkragen mit eingeflochtenem
Papyrus vorgefunden habe. Dabei kann es sich kaum um
Schreibmaterial handeln. Gemeint ist hier fraglos die
Papyruspflanze.*
*Bereits am 23. Februar 2006 hatte die »Süddeutsche
Zeitung« den mutmaßlich ersten Bericht über entdeckte
Papyrusteile lanciert. Die Verfasserin Sonja Zekri behaup-
tet dort unter dem Titel »Splitter der ewigen Geheimnis-
se«: Als die Ausgräber »die Felssplitter aus dem Schacht
räumten, stießen sie ... auf Papyrus-Schnipsel ...«.*
*Es bleibt offen, was es mit den Papyri-Fragmenten auf sich
hat. Hoffentlich aber nicht so lange wie im Fall der Moses-
Schriftrollen ...*

Kapitel 36

Was bleibt?

Alte Fährten und neue Spuren

Was ist nun von alledem zu halten?

Ein objektive Einschätzung fällt schwer. Am Anfang steht Howard Carters Meldung in der »Times«, man habe im Grab auch Schriftrollen entdeckt. Gleichen Inhalts äußert sich auch sein Mäzen Lord Carnarvon. Sogar schriftlich, in mehreren Briefen, bestätigt er wochenlang die Existenz der Rollen.

Dann kommt urplötzlich das Eingeständnis, man habe sich getäuscht. Dieser Irrtum wird allerdings mit einer Geschichte begründet, die sich nachweislich *nicht* wie von Carter geschildert zugetragen haben kann. Es bedarf also der Klärung, wann das Ausgräber-Duo die Wahrheit gesagt hat oder bei welcher Version diese auf der Strecke blieb.

Letztlich ist davon auch der erste Teil der Keedick-Papiere betroffen. Das Problem besteht nicht in der Information, daß die Papyri den biblischen Exodus zum Inhalt haben, sondern darin, daß wir den Wahrheitsgehalt nicht verifizieren können.

Wenn Carter gelogen hat, muß sogar hinterfragt werden, ob die *ganze* Story erfunden ist oder ob doch Papyri im Grab vorhanden waren, die aber keinen Exodus- oder Moses-Bezug zum Inhalt hatten.

Davon unabhängig ist die zweite Keedick-Passage zu analysieren. Es gibt kein einziges Foto vom Anheben des Sarkophagdeckels, das in der Sargwanne Schriftrollen zeigen würde. Doch das besagt gar nichts. Der Sarkophaginhalt war unter einem Bahrtuch verdeckt. Und was sich darunter befand, konnte Carter auch alleine inspizieren, ohne ungebetene Mitwisser. Das wiederum würde auch den Mangel an entsprechendem Fotomaterial erklären. Welcher Langfinger benötigt schon Fotos von seinem eigenen Diebesgut?

Erhärtet wird Lee Keedicks Mitteilung über die Schriften im Sarkophag jedenfalls durch die Aussage Professor Steindorffs. Zumindest der angebliche Fundort ist in beiden Fällen identisch. Beide Quellen nennen das Innere des Sarkophags in der Sargkammer. Die vorgebrachte Kritik, dies könne nicht sein, weil noch nie ein Papyrus bei einer Pharaonenmumie gefunden wurde, ist blauäugig. Es ist ja bis dahin auch noch nie ein intaktes Königsgrab freigelegt worden. Objektiv betrachtet wissen wir also nicht, was die Regel und was eventuell die Ausnahme war. Aber selbst wenn ein Papyrus bei der Mumie die Ausnahme gewesen sein sollte, heißt das noch lange nicht, daß dem im Falle Tutanchamuns nicht doch so gewesen ist.

Was die Gleichsetzung Moses' mit Echnaton anbelangt, so zeigen die Exegeten, Historiker und Ägyptologen selbst genügend Wege auf, die den Schluß nahelegen, daß dem so gewesen sein *könnte*. In jedem Fall bildet zumindest die Gleichsetzung des Exodus der Semiten mit dem Ende der Amarna-Ära eine Variante neben zahlreichen anderen.

Schwerwiegender ist da die Meinung, es könne keine dreißig Meter lange Papyrusrolle bei der Mumie im dritten Sarg gefunden worden sein, weil dafür in dem massiv goldenen Sarg zu wenig Platz gewesen wäre. Dieser Einwand ist berechtigt. Wer das dritte Mumienbehältnis des Pharao gesehen hat, versteht diesen Aspekt sofort. Ich bin mir nicht restlos sicher, aber anscheinend fehlt wirklich der Stauraum für eine Rolle dieser außergewöhnlichen Länge. Allerdings nur dann, wenn die Rolle nicht in Teile zerschnitten gewesen ist. Davon ist aber bei Georg Steindorff nichts zu lesen. Das kann gleichwohl nicht überraschen. Es handelt sich bei Steindorffs Erwähnung lediglich um einen kurzen Punkt in einer Aufzählungskette. Dafür hat der Leipziger Lehrstuhlinhaber ohnehin außergewöhnlich viele Angaben einfließen lassen: den Fundort, den Inhalt, das Aussehen und die Länge des religiösen Papyrus'. Außerdem kennen wir nicht die Informationsquelle Steindorffs. Vielleicht ist mit der Aussage »… der Mumie eine 30 m lange Papyrusrolle beigegeben …« nicht der dritte Sarg gemeint, sondern möglicherweise der Sarkophag als Mumienbehältnis. Und schließlich bleibt noch eine Möglichkeit, die zwar ungewöhnlich, aber nicht undenkbar ist. Die Schriftrolle könnte *entrollt* in mehreren Lagen entlang der Sargwand oder auf dem Sargwannenboden verstaut gewesen sein. Dafür hätte der vorhandene Platz problemlos ausgereicht. Allerdings hätte diese Variante vermutlich zur restlosen Zerstörung der Schriftrollen geführt. Ursache wären die Balsamierungsöle gewesen, die man im Überfluß (gleich literweise) über die Mumie verschwenderisch ausgeschüttet hatte. Diese Harze verklebten beispielsweise die Mumie mit der Sargwanne derart stabil, daß Tutanchamuns sterbliche Überreste aus dem dritten Sarg regelrecht herausgebrochen werden mußten. Man kann sich angesichts dieser Tatsache unschwer vorstellen, daß die Schriftrolle im Laufe der Jahrtausende regelrecht »zerfressen« worden wäre.

Ferner bedarf es nicht einer imaginären Verschwörergruppe oder eines »Geheimbundes der Pharaonen«, um den Inhalt der Papyri erfolgreich vor der Öffentlichkeit zu verbergen. Auch der »grausame«, nicht existente Fluch des Königs Tut muß als Begründung für die Fundunterschlagung nun wirklich nicht mehr aus der untersten Schublade hervorgeholt werden.

Im Fall der Exodus-Papyri sind es wohl eher normale menschliche Überlegungen und Ängste, die das Ausgräber-Duo letztlich dazu bewogen haben, die Dokumente vor der interessierten Bevölkerung und ebenso vor der Fachwelt zu verbergen. Die Gründe können mannigfaltiger Natur sein. Hier seien nur einige der zahlreichen Motive aufgelistet:

- Die Inventoren hatten Angst um das Wohlergehen der Team-Mitglieder und deren Angehörige, weil sie nach Publizierung der Schriften Übergriffe seitens radikaler, religiös motivierter Extremisten befürchteten.

- Die Veröffentlichung von Texten, die dem Koran widersprechen, hätten unweigerlich unter der nationalistisch-religiösen Regierung Ägyptens zum Verlust der Grabungskonzession geführt.

- Mag es noch so profan erscheinen: Auch schnöder Mammon kann Ursache der Zurückhaltung gewesen sein. Die Publizierung der Texte hätte die angespannte Situation zwischen den Entdeckern und den ägyptischen Institutionen noch weiter verschärft. Dadurch wäre die von dem Duo gemäß Grabungslizenz noch immer erhoffte Fundteilung wohl endgültig passé gewesen.

Im Moment, so ungewöhnlich das auch klingen mag, erscheint mir am aussichtsreichsten, die Spur über Georg Steindorff zu verfolgen. Steindorff war Professor der Ägyptologie. Davon gibt es bekanntlich nicht allzu viele. Er wußte deshalb mit Sicherheit, wie der Hase lief. Seit Jahren war bekannt, daß im Grab nach offizieller Lesart kein Papyrus entdeckt worden war. Wenn er nun etwas Gegenteiliges schrieb, war er sich mit an Sicherheit grenzender Wahrscheinlichkeit der Tragweite vollkommen bewußt. Leider ist das Brockhaus-Verlagsarchiv im Zweiten Weltkrieg ebenso zerstört worden wie ein Großteil der Unterlagen der Universität Leipzig. Von dieser Seite her konnte die Recherche leider nicht greifen. Vielleicht enthält ja Georg Steindorffs Nachlaß in den USA einen brauchbaren Hinweis? Die »Steindorff Collection« wurde 1952 von seiner Witwe an die Bridwell Library in Dallas (US-Bundesstaat Texas) übergeben. Zu der umfangreichen Hinterlassenschaft des Gelehrten gehören unter anderem 1 700 Bücher und Hunderte zeitgenössischer Fotografien

Und obwohl Manfred Dimdes Informationen in Teilen mit Sicherheit unrichtig sind, muß das gleichwohl noch nicht bedeuten, daß er in allen Punkten falsch liegt. Vielleicht werden ja doch in einem Londoner Institut Abschriften der Papyri in einem »Giftschrank« verwahrt – so wie das jahrzehntelang mit dem Turiner erotischen Papyrus praktiziert wurde.

Und falls das alles nicht zutrifft, bleibt immer noch die Hoffnung auf ein Schließfach irgendwo im Keller einer renommierten Bank. Falls Sie, lieber Leser, den Schlüssel dazu finden, lassen Sie es mich bitte wissen …

Anhang

Anhang 1:   Handbuch/Katalog
»The Tombs of the Kings« (Auszug)

Anhang 2:   Seite aus dem Buch
»Die Blütezeit des Pharaonenreiches«

Anhang 3:   Auszug aus den Lee-Keedick-Papieren
über Howard Carter

Anhang 4:   Brief von Robert Keedick an den Verfasser

Anhang 5:   Meldung im Videotext »Bayerntext«

Anhang 6:   Artikel aus der »Süddeutschen Zeitung«

Anhang 7:   Aufsatz von Dr. Reeves in den
»Göttinger Miszellen«

Anhang 8:   Briefe des F. A. Brockhaus-Verlags

194

Anhang 1, Seite 1
Das Handbuch » The Tomb of the Kings« aus dem Jahr 1923.
Im Text des Katalogs wird beteuert, daß die ersten Berichte über die Entdeckung
von Papyri in Tutanchamuns Grab »voreilig« gewesen seien.

Katalog

The Tombs of the Kings

A HANDBOOK TO THE OBJECTS
DIRECTLY RELATING TO

Akhenaten & Tutankhamen

IN THE

British Museum

With Fourteen Illustrations
by Permission of the Trustees

SECOND EDITION.

PRICE ONE SHILLING
Post free 1/3d.

PUBLISHED BY
W. H. RICKINSON & SON LIMITED,
3 GREAT WINCHESTER STREET, E.C. 2.
1923

THE SHRINE OF TUTANKHAMEN

It cannot be pretended that the British Museum contains anything approaching in magnificence the " resplendent mausoleum " of Tutankhamen, but our imagination is assisted by its numerous representations of objects found in the inner chamber.   In this connexion the paintings above the wall-cases in the First, Second and Third Egyptian Rooms are of special interest.

In the First Room, above Wall-case 25, is shown the weighing of the heart of Ani, with the jackal ANUBIS testing the tongue of the balance   (*See illustration, page* 12). Above Case 29 is Osiris under a CANOPY, surmounted by a row of URÆI, with ISIS and NEPHTHYS behind him; (Case 31) servants carrying furniture, and drawing a funeral chest to the tomb on a SLED ; (35 and 36) the mummy of Ani being drawn on a sled;   (43 and 44) the mourners ; (48) ANUBIS receiving the mummy.

In the Second Room the series is continued.   In the Third Room (over Cases 99 and 130), are paintings of Rameses II under canopies with rows of uræi.

The Fourth Room contains many sets of CANOPIC JARS (*see page* 16).   In Table-case J are funerary SCARABS, and in Case P amulets known as the " BUCKLE OF ISIS," (*numbers* 1 to 45)

In the Fifth Room are MODEL BOATS, and on the floor of Table-case G, OARS and paddles from funeral barges, two of which terminate in heads of ANUBIS ; also bows, ceremonial staves, and walking-sticks.

The earlier reports, which announced the discovery of papyri, perhaps containing the longed-for historical records, were premature ; but having regard to the enormous mass of material still to be examined, and to the fact that this is the first time that the tomb of a Pharaoh has been found practically undisturbed, there is still hope that   the sealed caskets or other objects may contain documents which will throw a good deal more light on that wonderful period of Egyptian history which saw the beginning of Akhenaten's great experiment and its final collapse.

Anhang 2
Faksimile der Seite aus Professor Georg Steindorffs Buch
»Die Blütezeit des Pharaonenreiches«, auf der er behauptet, man habe
in der Sargkammer eine »über 30 m lange Papyrusrolle« gefunden.

Sarkophag gebettet worden. Dieser Sarg umschließt nun einen zweiten, ebenfalls mumienförmigen von gleicher Schönheit, und dieser wiederum einen dritten, noch kostbareren von purem Golde. In ihm ruht die mit einer goldenen Gesichtsmaske bedeckte und in Binden eingewickelte Mumie des jugendlichen Pharao. Überreich hatte man sie mit Schmuckstücken ausgestattet, all die Kleinodien, an denen sich der Knabe im Leben erfreut, hatte man dem Toten angetan. Goldene Sandalen sitzen an seinen Füßen, jeder Finger und jeder Zeh ist in ein besonderes goldenes Futteral gesteckt; außerdem prangen an den Fingern goldene Ringe, viele davon mit einem Skarabäus geschmückt, in den der Name des Königs eingeschnitten ist. Um die Armgelenke sind breite Spangen gelegt, Ketten und Kragen, aus Amuletten und Perlen von Halbedelsteinen und Fayence geschmackvoll aneinandergereiht, schmücken Hals und Brust; zwei Prunkdolche — der eine aus reinem Gold gearbeitet, mit einem Griff aus Bergkristall — sollten dem Könige auch im Jenseits als Waffe dienen. Jedes Stück dieses königlichen Schmucks ein Meisterwerk kunstgewerblicher Arbeit, das noch jetzt seinen Schöpfer lobt. Außerdem ist der Mumie ein Totenbuch beigegeben (S. 130), eine über 30 m lange Papyrusrolle, die mit farbigen Bildern von größter Feinheit der Zeichnung geschmückt ist.

Zwischen den Wänden der Kapellen waren übrigens noch allerlei Grabbeigaben aufgestellt, große, alabasterne Ölgefäße, Stöcke, Zepter, Bogen und ähnliches mehr. Hier lagen auch zwei Fächer, wie sie bei Ausflügen des Königs zu seiner Rechten und Linken von hohen Beamten getragen wurden. Ihre Griffe sind mit Goldblech beschlagen und mit Darstellungen in getriebener Arbeit geschmückt; eine davon zeigt den Herrscher, wie er zu Wagen der Straußenjagd obliegt, die andere wie er von der Jagd heimkehrt und einen Straußenflügel unterm Arm hält, während seine Diener die erlegten Straußen tragen. Die begleitende Inschrift sagt, daß dies „ein Fächer von Straußenfedern sei, die Seine Majestät von der Jagd in der östlichen Wüste von Heliopolis mitgebracht habe." — An die geschilderten beiden Haupträume schließt sich noch je eine kleinere Nebenkammer, die ebenfalls mit Gegenständen allerart überfüllt ist.

Von den vielen Hunderten von Stücken des in der Vorkammer aufgestapelten königlichen Grabschatzes kann hier nur weniges beschrieben werden. Überaus groß ist die Zahl der Liege- und Sitzmöbel, der Betten, Stühle und Tische, von denen viele gewiß zu dem Mobiliar der Königspaläste in Amarna und Theben gehört haben. Ein mit getünchter Holzsessel (Abb. 184) mit geschwungenem Sitz und vier Löwenbeinen zeigt in den Füllungen zwischen den Beinen in durchbrochener Arbeit das „Wappen" der beiden Länder Ägyptens: das Schriftzeichen „vereinigen", um das die Pflanzen des Südens und des Nordens, die Lilie und der Papyrus, geschlungen sind. Wunderhübsch ist ein Feldstuhl aus Ebenholz (Abb. 185), der mit Elfenbeineinlagen und Goldbeschlägen verziert ist. Die gekreuzten Beine endigen in Entenköpfe, die in das Sumpfwasser tauchend und fressend gedacht sind. Der bunte Sitz gibt ein Leopardenfell wieder, dessen kurzer, am Ende mit Goldblech beschlagener Schweif herunterhängt. — Das kostbarste, wenn auch nicht das geschmackvollste Stück unter dem königlichen Mobiliar ist der Thronsessel (Abb. 186), der mit Gold und bunten Glas-, Fayence- und Steineinlagen reich verziert ist. Seine Beine sind als Löwenfüße geschnitzt und werden von goldenen Löwenköpfen überragt. Zwischen dem Sitz und den die Löwenbeine verbindenden Spreizen waren wieder die Vereinigung von Ober- und Unterägypten darstellenden Symbole angebracht; die Schriftzeichen „vereinigen" sind noch vorhanden, die aus Edelmetall hergestellten Wappenpflanzen sind von den Einbrechern gewaltsam losgerissen und mitgenommen worden. Die Armlehnen zeigen geflügelte Schlangen, die die Doppelkrone der ägyptischen Könige auf dem Kopfe tragen und mit ihren Flügeln die Namen des Herrschers und damit diesen selbst beschirmen. Aufgerichtete Schlangen sind auch auf der Rückwand des Sessels angebracht, um etwaige Feinde fernzuhalten. Den prächtigsten Teil des Thrones

*Auszug aus den sogenannten »Lee-Keedick-Papieren« über seine
Erlebnisse mit Howard Carter während dessen Vortragsreise durch
Nordamerika. Lee Keedicks Sohn Robert übersandte dem Autor die hier
abgebildeten Seiten. Darin enthalten sind beide Passagen, die sich mit den
Schriftrollen in Tutanchamuns Grab befassen. Die Informationen soll Lee
Keedick von Howard Carter persönlich erhalten haben.*

HOWARD CARTER

Howard Carter, the discoverer of the tomb of ~~Tut-ankh-amen~~ Tutankhamen, was the
most quarrelsome and cantankerous of men. He was never enjoying
himself unless he was in argument even over the most insignificant
matter, and even children could not escape him. Cab drivers, hotel
door men, railroad conductors, Pullman Dining Car conductors and
even little flower girls all came in for his invective and acrimon-
ous and irritating comment. He criticised the taxi drivers for
their abrupt stops; the hotel porters and door men for their lack
of training; the locomotive engineers did not pass unnoticed- On
a long journey he would usually, at the first junction, stop go for-
ward to the Engine and ask the Engineer who taught him to run an
engine, saying he was getting quite the worst ride of his life by
the inept way the train was controlled. all of which infuriated
the Engineer and added to the days turmoil. On a trip from Mont-
real to Ottawa he noticed that the Canadian Pacific dining car
menu requested criticisms if the food and service were not ade-
quate. The menu card was an exceptionally large one and Carter
proceeded to write all over the card on both sides the most ex-
asperating and juvenile protestations over the lack of experience
of the Company in pretending to operate a dining car, when neither
by nature or training they were prepared for the job. He took keen
delight in neatly folding the card and personally mailing it to the
Superintendant of the Dining Car Servi ce at Headquarters.

The above indicates his normal mood. When he was really excited
or agitated for real cause he could behave in a manner that would

Howard Carter, the discoverer of the tomb of Tut-Ankamen, was the
most quarrelsome and cantankerous of men. He was never enjoying
himself unless he was in argument even over the most insignificant
matter, and even children could not escape him. Cab drivers, hotel
door men, railroad conductors, Pullman Dining Car conductors and
even little flower girls all came in for his invective and acrimon-
ous and irritating comment. He criticised the taxi drivers for
their abrupt stops; the hotel porters and door men for their lack
of training; the locomotive engineers did not pass unnoticed- On
a long journey he would usually, at the first junction, stop go for-
ward to the Engine and ask the Engineer who taught him to run an
engine, saying he was getting quite the worst ride of his life by
the inept way the train was controlled. all of which infuriated
the Engineer and added to the days turmoil. On a trip from Mont-
real to Ottawa he noticed that the Canadian Pacific dining car
menu requested criticisms if the food and service were not ade-
quate. The menu card was an exceptionally large one and Carter
proceeded to write all over the card on both sides the most ex-
asperating and juvenile protestations over the lack of experience
of the Company in pretending to operate a dining car, when neither
by nature or training they were prepared for the job. He took keen
delight in neatly folding the card and personally mailing it to the
Superintendant of the Dining Car Service at Headquarters.

The above indicates his normal mood. When he was really excited
or agitated for real cause he could behave in a manner that would
so the whole side wall was tatoed and the room had to be completely
redone. Eventually cooler heads prevailed and an adjustment was made
so that Carter was silenced and the threat never materialized.

HO ARD CARTER

At intervals Howard Carter could be very ingratiating and
friendly. At such times he talked freely and humanly of his years
of labor in a field that was as fickle as the stock market. I
shall never forget the expression on his face as he related almost breathlessly his inner emotions as he pecked delicately
with his chisel at the few remaining flakes of masonery that ob-
structed his first glance at the inner chamber of the tomb that
contained the Sarcophagus. Noiselessly as almost in fear of mo-
lesting the departed he flooded the chamber with his flash light,
penetrating the darkness of thirty five hundred years, and revealing to human eyes for the first time in that long period the splendor
the magnificience, the superstition, the wealth and the glory in
which an Egyptian King was buried. Nothing had been disturbed in
that Sacred air tight chamber. Even the finger prints of the last
workmen were outlined in the particles of dust that had settled before the room was hermetically sealed. On the Sarcophagus lay an
ordinary looking weed with a card attached reading, "This reed was
cut by the King's own hand", revealing in that one sentence the
youth of the Monarch.

Carter made you feel you were present on that great day when
the lid of the Sarcophagus was lifted for the first time. There
with personal belongings were found parchments of the history of
the Egyptians during the most exciting and controversial periods
of their existence.

Howard Carter

4

It was a blazing hot noon in the Valley of the Kings and the archologists had retired for their mid-day Fiesta- all but the water
boy of the Lord Carnarvian Expedition, who had brought his lunch
and who decided to remain in the Headquarters of the diggers until
they returned from their noon luncheon and rest.

For thirty years Howard Carter, the leader of the ealthy
Lord Carnarvian Expedition, had been excavating in the Valley without success; day after day, month after month, and year after year
he had toiled incessantly and without any encouraging reward. He
was discouraged and his pleas for more funds from Lord Carnarvian,
on account of bright prospects were becoming weaker and less convinc-
ing. Gloom had settled over the entire party. The incentive for
achievement had almost completely vanished-except for the water boy
whose stake was small but whose energy the Sun could not penetrate
or slacken. Like small industrious boys emulating their olders he
was carrying on, in his play, digging with sticks in the sand, when
suddenly he hit a hard surface. He dug furiously and in a few mo-
ments he had unearthed a stone step.- his heart almost ceased to beat
Hastily he covered the step with sand, so that rival archologists
might not see, and then ran as fast as his legs would carry him to
tell Howard Carter of what he had found- a discovery that would
thrill the whole world- a tomb had been found, that of Tut-ak-ahem,
that had been hidden and unmolested for ˄twenty- three and a half centuries,
containing not only the body of the monarch but his retinue of servants with all their finery of the Court; gold and precious stones
in abundance and official records of the Egypt long since forgotten
by the changing world.

There were boats and oars and food a plenty- bread and cooked fowls
and stored wheat, to provide for the departed on their contemplated

Anhang 4
Brief von Robert Keedick an den Autor. In der ersten Hälfte
befaßt er sich mit den Schriftrollen aus Tutanchamuns letzter Ruhestätte.

201

```
                    Robert Keedick

                 209 Woodshire Lane

               Naples, Florida 33942




                               June 25, 1989

Lothar Stanglmeier
███████████████████████████

West Germany

Dear Mr. Stanglmeier:

Thank  you for your phone call and letter, which was
awaiting me when I returned from New York.

Herewith the chapter on Howard Carter from my father's
unpublished memoirs.  I recall my father's telling
various people about Carter's assertion that there were
papyri found in Tutankhamun's tomb that gave a very
detailed account of the exodus.  According to Carter,
the gist of it was most unflattering to the Jews.

I never heard my father say anything about what could
have happened to those papyri.

My father was born in Iowa in 1879, and graduated from
Cornell College.  He moved to New York City in 1906, and
started his lecture bureau in 1907.  He managed such
luminaries as Sir Arthur Conan Doyle, G.K. Chesterton,
Roald Amundsen (discoverer of the South Pole), Lord
Baden-Powell (founder of the Boy Scouts), John Masefield
(poet Laureate of England), the Grand Duke Alexander of
Russia and Sir Oliver Lodge. He was active in the Bureau
until a few years before he died in 1959.

I was born in 1919 in New York City, and graduated from
Brown University in 1941. I worked at the Bureau for a
few months before joining the Navy.  Served for four
years in both the Atlantic and Pacific as a Lieutenant.
After the War, I rejoined the Bureau and became
President in 1953. I retired in 1985, and moved to
Naples, Florida.

Hope this gives you the information you need.

If I can be of any further service, just let me know.

I would very much appreciate it if you would supply me
with an English translation of anything pertaining to
the above that will appear in your book.

                         Sincerely,
```

Anhang 5
Der Reeves-Aufsatz sorgte für Schlagzeilen rund um den Globus –
mit fünf Jahren Verspätung …
Hier die entsprechende Meldung im Videotext »Bayerntext«
vom 19. Oktober 1990.

LONDON: Der britische Forscher Nicholas Reeves vom Britischen Museum in London glaubt, die Tutenchamun-Papyri entdeckt zu haben. Reeves vermutet die Schriftrollen in den Wächterstatuen am Eingang der Grabkammer. Ägyptologen suchen seit der Entdeckung des Grabes 1922 nach den Dokumenten. Papyrus-Rollen gelten als Standard-Grabbeigabe der alten Ägypter.

Artikel aus der »Süddeutschen Zeitung« vom 17. Oktober 1990.
Auch darin wird behauptet, daß Ägyptologen seit 1922 nach den Schriftrollen
aus Tutanchamuns Grab suchen.

Pharao-Papyri in Statuen vermutet

Britischer Forscher will Geheimnis um Grab Tutenchamuns lösen

London (dpa) – Eines der letzten großen Geheimnisse um das Grab des ägyptischen Pharaos Tutenchamun ist möglicherweise gelöst. Der Wissenschaftler Nicholas Reeves vom Britischen Museum in London glaubt, dem Versteck der Papyrus-Rollen auf die Spur gekommen zu sein, nach denen Ägyptologen seit der Entdeckung des Grabs im November 1922 vergeblich gesucht hatten. „Die Wahrscheinlichkeit ist groß, daß die Papyri tatsächlich vorhanden sind", sagte Reeves-Mitarbeiter Jeoffrey Spencer.

Papyrus-Dokumente mit historischen Informationen und literarischen und religiösen Texten aus dem „Buch der Toten" gelten als Standard-Grabbeigabe der alten Ägypter. Obwohl das Grab des Tutenchamun, der 1337 v. Chr. im Alter von 18 Jahren ermordet wurde, fast unversehrt entdeckt wurde, fanden die Forscher keine Papyri. Reeves vermutet die Schriftrollen in den lebensgroßen Wächter-Statuen, die den Eingang zu Tutenchamuns Grabkammer flankierten.

Im Rücken von Statuen anderer Gräber, die sich im Besitz des Britischen Museums befinden, entdeckte er Hohlräume, in denen Papyrusrollen verborgen waren. An gleicher Stelle weisen auch die Wächter des Tutenchamun Unebenheiten auf, die - so meint Reeves - auf eine dünne Kalksteinschicht unter der Vergoldung schließen lassen, die möglicherweise die Hohlräume abdecken.

Ob und wann die Statuen, die im Ägyptischen Museum in Kairo stehen, nun auf den vermuteten Schatz untersucht werden, weiß Spencer nicht. „Offizielle Kontakte bestehen nicht. Reeves Vermutungen sind veröffentlicht. Vielleicht lesen die Ägypter darüber ja in der Zeitung".

Vollständig hier abgedruckt: Der Aufsatz von Nicholas Reeves
über die angeblich nicht existenten Papyri in der Tutanchamun-Gruft.
Diese Arbeit ist die einzige ägyptologische Fachschrift zum Thema
»Tutanchamuns Schriftrollen«.

GÖTTINGER MISZELLEN

Beiträge zur ägyptologischen Diskussion

Heft 88

Göttingen 1985

GM 88 (1985)   39

TUTᶜANKHAMŪN AND HIS PAPYRI*

C. N. Reeves

The discovery of the tomb of Tutᶜankhamūn (KV 62) in November 1922, at the time believed to be a virtually unmolested royal burial, raised for some Egyptologists the prospect of a rich harvest of papyri (1). Such texts, it was speculated, were probably to be found 'in the numerous coffers which are still sealed or in the sarcophagus' (2). Apart from a single, badly decayed 'ritual' recovered from the mummy itself (3), however, no papyri were found: in the tomb of Tutᶜankhamūn, this particular class of inscriptional material was notable only by its absence (4).

The reason for this absence - which is the more remarkable when one considers the comparative dearth of ritual texts on objects from the tomb (5) and the meagre decoration of the tomb's walls (6) - has never been satisfactorily explained. One possibility which might be examined is that Carter and his contemporaries had simply misdirected their search.

Among the treasures which Carter did recover from the tomb were several royal and divine figures in wood (7), of types long familiar from elsewhere in the Valley of the Kings (8). The available evidence would indicate that the vast majority of such wooden figures are purely representational in character (9). Nonetheless, within the class there are clearly some for which a secondary function may be discerned.

This specialised type of funerary figure is first encountered in the tomb of Sethos I (KV 17). In his description of this tomb, Belzoni makes specific reference to 'some wooden figures standing erect, four feet high, with a

40

circular hollow inside, as if to contain a roll of papyrus, which I have no doubt they did' (10).   Although the precise nature of these figures remains unknown, their 'circular hollow(s)' would appear to find a parallel in the figure of an obscure underworld deity (represented grasping its beard in both hands, its upper torso turned at ninety degrees to its legs) found by Salt 'in the King's Tomb, on the Hill to the left, on going up the Valley' (11).   This object is now in the British Museum, where it bears the number EA 61283 (12). Significantly enough, Birch ascribes to it a similar function: 'the back of this figure has a small narrow piece, which takes out, the interior having been hollowed to hold papyrus' (13).

The suspicions of Belzoni and Birch as to the probable purpose of such recesses were confirmed in 1898 with the discovery of the tomb of Amenophis II (KV 35).   One of the smaller wooden statuettes from this tomb is described by Daressy as follows:

> Statuette représentant le roi avec le corps momifié, les bras croisés sur la poitrine, tenant en chaque main un rouleau de papyrus.   Il est coiffé du klaft formant natte dans le dos.
> Dans le dos est ménagée une cavité de 0 m. 19 cent. de longueur et 0 m. 03 cent. de largeur dans laquelle était enfermé un papyrus ...   Le couvercle était collé et dissimulé sous la couche de bitume dont tout l'objet est enduit ... (14).

The employment of such figures for the purpose of concealing rolls of funerary papyri clearly anticipates a practice encountered in the private 'papyrus sheaths' (sic) of the later New Kingdom (15).   There is, however, one notable difference: in the case of royal burials the role of papyrus container was not confined solely to the smaller types of figure.   A recess (approximately 9 cm x 8 cm across and some

41

20 cm deep) situated beneath the triangular-fronted kilt of the life-size 'guardian' figure British Museum EA 882 (16) would appear to indicate that this figure, too, had been intended to perform a similar function (17).

Although it would clearly be wrong to overestimate the number of wooden figures so employed, the evidence adduced in the previous paragraphs will suffice to show that at least a proportion of a king's funerary papyri could, on occasion, be deposited within one or more of the royal or divine representations buried with him – all indications of their presence being concealed beneath a coating of resin or a layer of gilded gesso. It is a reasonable deduction, therefore, that Tut^cankhamūn's 'missing' religious texts were concealed in a like manner – and, if this is so, that these texts still await discovery.

November 1985   Department of Egyptian Antiquities
                                 The British Museum
                                 LONDON WC1

Notes

(*) For comments offered at various stages in the preparation of this note thanks are due to Prof. J. R. Harris and Mr T. G. H. James. Responsibility for the opinions expressed, however, rests solely with the writer.

(1) Cf. Capart, *The Tomb of Tutankhamen* (1923), 39 ff., and the implications of *ILN* (16 December 1922), 979. Capart and others were clearly influenced in their expectations by the recurrent idea that the Great Harris Papyrus (British Museum EA 9999) had perhaps been discovered with the body of Ramesses III in the Deir el-Bahri royal cache (DB 320): cf. Edwards, *Vienna Weekly News* (9 November 1886), 4; [Petrie], *Ancient Egypt* (1922),

42

part 4, 127; and (subsequently) Borchardt, *ZÄS* 73 (1937), 114 ff.

(2) Capart, *Tutankhamen*, 39, n. 1. As Capart states, the 'box of papyri' noted in the Antechamber at the time of the discovery (cf. *The Times* [30 November 1922]) turned out to be a box containing rolls of linen: cf. Carter, *The Tomb of Tut.ankh.Amen* I (1923), 117, n. 1; Desroches-Noblecourt, *Life and Death of a Pharaoh. Tutankhamen* (1963), 96, fig. 48.

(3) Carter, *Tut.ankh.Amen* II (1927), 119: 'In the case of the amulets and symbols found upon the king, there were traces of a small papyrus that bore a ritual, written in white linear hieroglyphs, but too decayed and disintegrated to allow of practical conservation, though here and there names of gods, such as Osiris and Isis, were with difficulty decipherable'. 'This diminutive document, disintegrated beyond recovery', may possibly correspond to Carter obj. no. 256*ii*, for which no object is listed on Carter's index cards: cf. Murray & Nuttall, *A Handlist to Howard Carter's Catalogue of Objects in Tutᶜankhamūn's Tomb* (1963), 9.

(4) Cf. Breasted, *Pioneer to the Past* (1943 rp. 1977), 373; Desroches-Noblecourt, *Tutankhamen*, 99.

(5) The most extensive collection of texts occurs upon the four gilded shrines: Piankoff, *Les chapelles de Tout-Ankh-Amon* (1951-2); id., *The Shrines of Tut-Ankh-Amon* (1955 rp. 1977).

(6) Cf. Petit Palais, *Toutankhamon et son temps* (1967), fold-out pl. following p. 140, together with Romer, *Valley of the Kings* (1981), fig. on p. 262. Cf. Steindorff, *ASAE* 38 (1938), 641 ff.

(7) Carter, *Tut.ankh.Amen*, esp. III (1933), 51 ff; cf. Murray & Nuttall, *Handlist*, index.

43

(8) Royal and divine figures in wood, both large and small, are
attested from several royal burials, including the following:
Tuthmosis I/Hatshepsut (KV 20) (Davis, *The Tomb of Hâtshopsitû*
[1906], 80); Tuthmosis III (KV 34) (Daressy, *Fouilles de la
Vallée des rois* [1902], 281 ff. & 300 f.[?]); Ciccarello &
Romer, *A Preliminary Report of the Recent Work in the Tombs of
Ramesses X and XI in the Valley of the Kings* [1979], 3 f.);
Amenophis II (KV 35) (Dareséy, *Fouilles*, 155 ff.); Tuthmosis IV
(KV 43) (Daressy, *Fouilles*, 299; Carter & Newberry, *The Tomb of
Thoutmôsiṣ IV* [1904], 11 ff.); Amenophis III (VV 22) (Carter,
MSS [Griffith Institute, Oxford], GI I.J.386-7, nos. 71-2,
74[?], 94); Tutᶜankhamūn (KV 62) (n. 7 above); Ay (VV 23)
(Schaden, *The God's Father Ay* [1977], 249; also, doubtless, the
fragments referred to in *id.*, *ASAE* 63 [1979], 161 ff.);
Horemheb (KV 57) (Davis, *The Tombs of Harmhabi and
Touatânkhamanou* [1912], 101 ff.; British Museum, *A Guide to the
Fourth, Fifth and Sixth Egyptian Rooms, and the Coptic Room*
[1922], 198 f., nos. 138, 146-8, 150-1, 153 = EA 50698-704
[mistakenly attributed to the tomb of Tuthmosis III]);
Ramesses I (KV 16) (cf. Belzoni, *Narrative of the Operations
and Recent Discoveries in Egypt and Nubia* [2nd edn., 1822],
229 f., and n. 17 below); Sethos I (KV 17) (*ibid.*, 235 f.; I
have not seen Villa Hügel, *5000 Jahre aegyptische Kunst* [1961],
no. 199, referred to by Raven, *OMRO* 59-60 [1978-9], 256 f.);
Ramesses III (KV 11) (Edwin C. Brock, personal communication);
Ramesses VI (KV 9) and Ramesses IX (KV 6) (Daressy, *ASAE* 18
[1919], 271; cf. *BIÉ* [2 sér.] 10 [1889], xxiv, and, for
Ramesses IX, nn. 11 & 16 below). One might also compare two
large wooden funerary figurines (though perhaps shabtis?)
recovered by Davis from the tomb of Siptah (KV 47) (Reeves,
MDAIK 40 [1984], pl. 26, d).

(9) For a discussion of this class of figure, cf. Abitz,
*Statuetten in Schreinen als Grabbeigaben in den ägyptischen
Königsgräbern der 18. und 19. Dynastie* (1977).

Anhang 8, Seite 1

*So verunglimpften deutsche Zunftgenossen Prof. Steindorffs Tutanchamun-
Arbeit während der NAZI-Zeit. Seine »Papyrus-Passage« ist bis heute in
keiner ägyptologischen Fachschrift auch nur ansatzweise erwähnt.*

Abschrift.

Aegyptologisches Seminar   München 2 M, 6.3.35
    der Universität München   Residenz, Kaiserhof.
        Tel. 27479

            An den Verlag F.A. Brockhaus, Leipzig.

        Sehr geehrter Herr!

            Hiermit übersende ich Ihnen ein Belegexemplar meiner Be-
sprechung Ihres Verlagswerks Carter, Tut-ench-Amun III. im Archiv
für Orientforschung Bd.X, Berlin 1935 (Dr. Weidner). Die Drucklegung
hat leider ein volles Jahr gedauert; das Manuskript war im März 1934
bei der Redaktion.

            Ich kann nur wiederholen, dass das an sich so schöne Werk
viel besser, d.h. hier wissenschaftlich gediegener hätte werden können, wenn der Verlag rechtzeitig einen deutschen Fachmann zu Rate gezogen hätte. So ist es schade im Hinblick auf die breite Masse der
Leser, denen man doch gerade wissenschaftlich Gediegenstes, wenn auch
in lesbarer Form, bieten sollte.

                        Mit deutschem Gruss!
                    gez. Prof. Dr. Alexander Scharff
                    ord. Professor der Aegyptologie.

F. A. BROCKHAUS

Drahtanschrift: Fab, Leipzig · Fernsprech-Sammel-Nr. 70821 · Postscheckkonto: Leipzig Nr. 51472
Girokonto bei der Reichsbank
RSK B 7602 u. 9751

✣

Antwort erbeten unter
C/J

LEIPZIG C1, den   13. März   19 35
Querstraße 16

          Herrn Geheimrat Professor Dr. Georg Steindorff,

                    L e i p z i g C 1.

                    Prendelstr.2,I.

Sehr geehrter Herr Geheimrat!

          Anliegend erlaube ich mir, Ihnen Abschrift eines Schrei-
bens von Professor Dr. Alexander Scharff, München, vom 6.3. mit der
dazugehörigen Besprechung von Carter, "Tut-ench-Amun" Bd.3 im "Archiv für Orientforschung" Bd.10, 1935 zu überreichen. Ich bitte um
Rückgabe der Besprechung und wäre Ihnen dankbar, wenn Sie sich zu
den Ausstellungen Professor Scharffs äussern wollten.

          Für Ihre Bemühungen danke ich im voraus und zeichne

                         in vorzüglicher Hochachtung

                         Ihr sehr ergebener

Bg

Bibliographie

Aldred, Cyril:
   Echnaton – Gott und Pharao Ägyptens,
   Lübbe, Bergisch Gladbach / 1968

Assmann, Jan:
   Moses, der Ägypter
   Hanser, München, Wien / 1998

Baigent, Michael und Leigh, Richard:
   Verschlußsache Jesus
   Droemer Knaur, München / 1991

Blumenthal, Elke:
   Altes Ägypten in Leipzig
   Karl-Marx-Universität, Leipzig / 1981

Blumenthal, Elke:
   Brief vom 7. November 1988
   Archiv des Verfassers

Borchardt, Ludwig:
   Brief an die Kommission zur Herausgabe des
   Wörterbuches der Ägyptischen Sprache vom 5. Februar 1905
   Geheimes Preußisches Staatsarchiv, Abschrift im Archiv des Verfassers

Bordewich, Fergus M.:
   Lüften Computer die Geheimnisse der Pyramiden?
   in: Reader's Digest Nr. 11, November 1988

Brackman, Arnold C.:
   Sie fanden den goldenen Gott:
   Das Grab des Tutanchamun und seine Entdeckung
   Lübbe, Bergisch Gladbach / 1978

Breasted, James H.:
   Geschichte Aegyptens
   Parkland, Stuttgart / o. J.

Brier, Bob:
   Der Mordfall Tutanchamun
   Piper, München / 2000

Budge, Wallis Sir:
   Tutankhamen, Amenism, Atenism and Egyptian Monotheism
   Martin Hopkinson, London / 1923

Bürgin, Luc:
    Rätsel der Archäologie
    Unerwartete Entdeckungen, unerforschte Monumente
    Herbig, München / 2003

Capart, Jean:
    The tomb of Tutankhamen
    George Allen & Unwin Ltd., London / 1923

Cander, Robert F.:
    Hüter im Haus der Sonne
    Echnaton-Nofretete-Tutanchamun, München / 1979

Carter, Howard und Mace, A. C.:
    Tut-ench-Amun
    Ein ägyptisches Königsgrab – Band I
    F. A. Brockhaus, Leipzig / 1924

Carter, Howard:
    Tut-ench-Amun
    Ein ägyptisches Königsgrab – Band II
    F. A. Brockhaus, Leipzig / 1927

Carter, Howard:
    Tut-ench-Amun
    Ein ägyptisches Königsgrab – Band III
    F. A. Brockhaus, Leipzig / 1934

Champdor, Albert:
    Das ägyptische Totenbuch
    Droemer Knaur, München/Zürich / 1980

Clayton, Peter A.:
    Die Pharaonen, Herrscher und Dynastien im alten Ägypten
    Econ, Düsseldorf / 1995

Collins, Andrew und Ogilvie-Herald:
    Tutankhamun: The Exodus-Conspiracy
    The Truth Behind Archaeology's Greatest Mystery
    Virgin, London / 2002

Collins, Andrew:
    Diverse E-mails an den Autor
    Archiv des Verfassers

Desroches-Noblecourt, Christiane:
    Tut-ench-Amun
    Leben und Tod eines Pharao
    Ullstein, Frankfurt a. M. / o. J.

Desroches-Noblecourt, Christiane:
    Ramses – Sonne Ägyptens
    Die wahre Geschichte
    Lübbe, Bergisch Gladbach / 1997

Dimde, Manfred:
Die vierte Pyramide
Kopp, Rottenburg / o. J.; 7. Lizenzausgabe der Droemerschen Verlagsanstalt
Th. Knaur Nachf., München / 2002

Dodson, Aidan u. Hilton, Dyan:
The Complete Royal Families of Ancient Egypt
Thames & Hudson, London / 2004

Ehlebracht, Peter:
Haltet die Pyramiden fest!
Fünftausend Jahre Grabraub in Ägypten
Econ, Düsseldorf-Wien / 1980

El Mahdy, Christine:
Tutanchamun
Leben und Sterben des jungen Pharao
Blessing, München / 2000

Finkelstein, Israel u. Silberman, Neil A.:
Keine Posaunen vor Jericho
Die archäologische Wahrheit über die Bibel
dtv und Beck, München / 2002 und 2004

Fletcher, Joann:
Sonnenkönig vom Nil – Amenophis III
Die persönliche Chronik eines Pharaos
Droemer, München / 2000

Freud, Sigmund:
Moses and Monotheism
Knopf, New York / 1938

Friedman, Richard Elliott:
Wer schrieb die Bibel?
Die spannende Entstehungsgeschichte des Alten Testaments
Zsolnay, Wien und Darmstadt / 1989 und
Lübbe, Bergisch Gladbach / 1992

Gardiner, Sir Alan:
Geschichte des Alten Ägypten
Kröner, Stuttgart / 1965

G. F. L. und B. B. N.:
Was wurde im Tal der Könige vertuscht?
in: »mysteries«, Nr. 9, CH-4002 Basel / Mai/Juni 2005

G. F. L. und B. B. N.:
Geheimer Gang zu Ramses II.?
in: »mysteries« Nr. 5, CH-4002 Basel / September/Oktober 2005

Hancock, Graham:
Die Wächter des heiligen Siegels
Auf der Suche nach der verschollenen Bundeslade
Lübbe, Bergisch Gladbach / 1992

Hamp, Vinzenz u. Stenzel, Meinrad:
  Das Alte Testament
  Pattloch, Aschaffenburg / 1962 und 1966

Helck, Wolfgang u. Otto, Eberhard:
  Kleines Wörterbuch der Ägyptologie
  Harrassowitz, Wiesbaden / 1970

Helck, Wolfgang, Otto, Eberhard und Westendorf, Wolfhart:
  Lexikon der Ägyptologie – Band III
  Harrassowitz, Wiesbaden / 1980

Hornung, Erik:
  Tal der Könige: Die Ruhestätte der Pharaonen
  Artemis, Zürich und München / 1982

Hornung, Erik:
  Echnaton, die Religion des Lichtes
  Artemis und Winkler, Zürich / 1995

Hoving, Thomas:
  Der goldene Pharao Tut-ench-Amun
  Scherz, München / 1978

Höber-Kamel, Gabriele u. a.:
  Von Tut-anch-Amun bis Hor-em-hab
  in: Kemet, Heft 2, Berlin / April 2004

Hulot, Carl:
  Mysteriöser Fund im Tal der Könige
  in: »Mysteries« Nr. 1, CH-4002 Basel / Januar-Februar 2006

Hulot, Carl:
  Mumien-Gruft:
  Entdeckung vertuscht!
  in: »Mysteries« Nr. 3, CH-4002 Basel / Mai-Juni 2006

Jacq, Christian:
  Echnaton und Nofretete – Das einsame Paar
  Heyne, München / 1978

Jacq, Christian:
  Im Bann des Pharaos
  Knaur, München / 1993

Jacq, Christian:
  Das Tal der Könige:
  Geschichte und Entdeckung eines Monuments der Ewigkeit
  Rotbuch, Hamburg / 1998

James, Stanley:
  Missing Pharaohs: Missing Tombs
  Maxbow, Chestnuts Horebeech, Horam Heathfield / 1986

James, T. G. H.:
  Howard Carter
  The Path to Tutankhamun
  Tauris Parke, London / 2001

Kaeppel, Volker:
  Brief vom 10. Februar 1989
  i. A. der F.A. Brockhaus GmbH, Mannheim
  Archiv des Verfassers

Keedick, Lee:
  »Howard Carter«
  Persönliche Aufzeichnungen von Lee Keedick

Keedick, Robert:
  Brief an G. F. L. Stanglmeier
  Archiv des Verfassers

Keller, Werner:
  Und die Bibel hat doch recht.
  Forscher beweisen die historische Wahrheit
  Econ, Düsseldorf und Wien / 1955, 1971

Kolpaktchy, Gregoire:
  Das ägyptische Totenbuch
  Barth, Scherz, Berlin, München – Wien / 1970, 4. Auflage / 1975

Krauss, Rolf: Das Moses-Rätsel
  Auf den Spuren einer biblischen Erfindung
  Ullstein, München / 2000

Krauss, Rolf:
  Zum archäologischen Befund im thebanischen Königsgrab Nr. 62
  in: Mitteilungen der Deutschen Orientgesellschaft,
  Ausgabe 118, S. 165 ff. / 1986

Manley, Bill und Dodson, Aidan:
  Das Mausoleum der Söhne Ramses' II.
  in: Die siebzig großen Geheimnisse des Alten Ägypten,
  Frederking und Thaler, München / 2003

Manniche, Lise:
  Liebe und Sexualität im alten Ägypten
  Artemis, Zürich und München / 1988

Muck, Otto:
  Alles über Atlantis
  Alte Thesen – neue Forschungen
  Econ, Düsseldorf - Wien / 1976

mysteries
  Magazin für Geheimnisse, Rätsel und Phänomene
  www.mysteries-magazin.com

O'Farrell, Gerald:
   The Tutankhamun Deception – The True Story of the Mummy's Curse
   Pan, London / 2002

Osman, Ahmed:
   Wer war Jesus wirklich?
   Knaur, München / 1994

Otto, Eckart: Mose:
   Geschichte und Legende
   Beck, München / 2006

o. N.: Der Trick des großen Carter
   in: Berliner Zeitung / 10. März 1987

o. N.: Bayerntext, ab Tafel 170
   München / 16.10.1990

o. N.: Pharao lüftet sein Geheimnis
   in: Abendzeitung, München / 17.10.1990

o. N.: Fünftausend Jahre alter Krieger
   in: Süddeutsche Zeitung, München / 27.11.1993

Posener, Georges u. a.:
   Lexikon der ägyptischen Kultur
   Deutsche Buchgemeinschaft Berlin, Darmstadt, Wien
   und Droemersche Verlagsanstalt Th. Knaur Nachf., München, Zürich / 1960

Rachet, Guy:
   Lexikon des alten Ägypten
   Patmos, Düsseldorf, Zürich / 2002

Reeves, Nicholas und Taylor, John H.:
   Howard Carter before Tutankhamun
   British Museum Press, London / 1972

Reeves, Nicholas:
   The complete Tutankhamun:
   The King, The Tomb, The Royal Treasure
   Thames and Hudson Ltd., London / 1990

Reeves, Nicholas u. Wilkinson, Richard H.:
   Das Tal der Könige:
   Geheimnisvolles Totenreich der Pharaonen
   Econ, Düsseldorf / 1997

Reeves, Nicholas:
   Faszination Ägypten:
   Die großen archäologischen Entdeckungen von den Anfängen bis heute
   Frederking und Thaler, München / 2001

Reeves, Nicholas:
   Echnaton: Ägyptens falscher Prophet
   Von Zabern, Mainz am Rhein / 2002

Rienecker, Fritz und Maier, Gerhard:
    Lexikon zur Bibel
    Brockhaus, Wuppertal / 2000

Risi, Armin:
    Licht wirft keinen Schatten
    Govinda, Neuhausen – Jestetten / 2004

Rizk, Yunan Labib:
    The stunning discovery
    in: Al-Ahram Weekly online, Issue No. 473 / 16. – 22. März 2000

Rohl, David:
    Pharaonen und Propheten
    Das Alte Testament auf dem Prüfstand
    Droemer Knaur, München / 1996

Romer, John:
    Sie schufen die Königsgräber:
    Die Geschichte einer altägyptischen Arbeitersiedlung
    Hueber, Ismaning / 1986

Rossiter, Evelyn:
    Die ägyptischen Totenbücher
    Liber, Freiburg – Genf / 1979 und 1984

Schlögl, Hermann, Alexander:
    Echnaton – Tutanchamun: Daten, Fakten, Literatur
    Harrassowitz, Wiesbaden / 1993

Schlögl, Hermann Alexander:
    Ramses II.
    Rowohlt, Reinbek /1993

Schoske, Sylvia u. Grimm, Alfred (Hrsg.) und Wolfgang Helck (posthum):
    Das Grab Nr. 55 im Königsgräbertal:
    Sein Inhalt und seine historische Bedeutung
    Deutsches Archäologisches Institut, Abteilung Kairo,
    Sonderschrift 29, Zabern, Mainz a. R. / 2001

Schoske, Sylvia u. Grimm, Alfred:
    Das Geheimnis des goldenen Sarges
    Echnaton und das Ende der Amarnazeit
    Staatliches Museum Ägyptischer Kunst, München / 2001

Schwabenthan, Sabine:
    Dieser Papyrus bringt die Experten ins Schwitzen
    in: P. M. – Peter Moosleitners Magazin, München / September 2004

Seton-Williams, M. V.:
    Tutanchamun: Der Pharao, Das Grab, Der Goldschatz
    Krüger, Frankfurt am Main / o. J.

Smith, Elliot G.:
   Tutankhamen and the Discovery of His Tomb
   by the Late Earl of Carnarvon and Mr. Howard Carter 1923
   Routledge, London / 1923

Stanglmeier, G. F. L. und Biffiger, Beat:
   Der Tut-anch-Amun Skandal
   Argo, Marktoberdorf / 2004

Stanglmeier, G. F. L.:
   Versteckt, Verschollen, Vergraben –
   Pharaonenschätze, die noch zu finden sind
   Herbig, München / 2005

Steindorff, Georg:
   Die Blütezeit des Pharaonenreiches
   Velhagen und Klasing, Bielefeld und Leipzig / 1926

Steindorff, Georg:
   Die Grabkammer des Tutanchamun
   in: Annales du Service des Antiquités de l'Ègypte«, Nr. 38 / 1938

»The Times«
   Diverse Artikel
   London / November und Dezember 1922

Tyldesley, Joyce:
   Ägyptens Sonnenkönigin, Biographie der Nofretete
   Limes, München / 1999

Tyldesley, Joyce:
   Ramses, Ägyptens größter Pharao
   Ullstein, München / 2002

Vandenberg, Philipp:
   Der vergessene Pharao:
   Unternehmen Tut-ench-Amun, das größte Abenteuer der Archäologie
   C. Bertelsmann, München / 1978

Vandenberg, Philipp:
   Der Fluch der Pharaonen
   Moderne Wissenschaft enträtselt einen jahrtausendealten Mythos.
   Ein neues Abenteuer der Archäologie
   Scherz, Bern und München / 1973

Vossische Volkszeitung (Beilage)
   Artikel »Der Thron des Pharao«
   7. Dezember 1922

Weeks, Kent R.:
   Ramses II. – das Totenhaus der Söhne
   Droemersche Verlagsanstalt Th. Knaur Nachf., München / 1999

Winstone, H. V. F.:
   Howard Carter und die Entdeckung des Grabmals von Tut-Ench-Amun
   vgs, Köln / 1993

Danksagung

Ein Autor lernt im Zuge seiner Recherchen zahlreiche Menschen kennen und wird von etlichen Freunden unterstützt. Diesen Personen ist er meist zu tiefem Dank verpflichtet, denn ohne ihre großzügigen Informationen könnte er seine Bücher gar nicht schreiben.
Dieses Buch ist ein Paradebeispiel dafür. Es basiert in erster Linie auf schriftlich vorliegenden Informationen. An diese Quellen wäre ich ohne die selbstlose Unterstützung etlicher Konfidenten niemals gelangt.

Ich danke

- den (mittlerweile) vier »Schwarzen Schafen der Ägyptologie«, die mich nicht nur mit Rat, sondern auch mit Tat unterstützten. Ohne ihre bereitwillige Hilfe wäre dieses Buch wohl kaum zu realisieren gewesen. Wie gewünscht, bleiben sie anonym.
- André Liebe. Ich nenne ihn stets meine Recherche-Feuerwehr. Diesmal war er weit mehr. Er gehört wirklich zur »Gruppe der Einzigen mit dem gewissen Etwas«.
- den beiden Menschen, die, ohne daß ich auch nur die geringste Ahnung davon hatte, »bei einem Fläschchen Rotwein und einem guten Abendessen« (jawohl, auch das habe ich schriftlich!) beschlossen, daß ich dieses Buch schreibe. Dabei beließen sie es aber nicht. Vielmehr unterstützten sie mich in jeder nur erdenklichen Weise. Ich weiß, daß sie ebenfalls ungenannt und unerkannt bleiben wollen … Es ist schön, daß es noch Menschen gibt, die für Dritte bereit sind, selbst ein Risiko einzugehen …
- nunmehr zum dritten Male den Professoren Claudia Trenkwalder in Kassel und Hans C. Dollinger in München sowie Stefan J. für ihre unerreicht kompetente und einfühlsame Therapierung und medizinische Betreuung.

- Luc Bürgin vom »mysteries«-Redaktionsteam und Carl Hulot. Sie kannten keine Uhrzeit, keinen Feiertag und keinen Urlaub. Sie waren da, wann immer ich sie brauchte – wie es unter echten Profis üblich ist.
- posthum Robert Keedick, der mir selbstlos die Papyri-Passagen seines Vaters überließ.
- Armin Risi für seine hochinteressanten Informationen. Seine bemerkenswerte Theorie über Echnatons Theismus konnte leider nicht mehr in dieses Buch einfließen.
- Manfred Dimde, der mit seinen Hintergrundinformationen meine eigenen Recherchen einen großen Schritt voranbrachte.
- Eugen Brass. Er hat mehr, weitaus mehr Anteil an der Verwirklichung dieses Projekts, als Ahnende zu wissen glauben.
- Frau Elvira Zettl, die seit zwei Jahrzehnten dafür sorgt, daß sich stets ausreichend Geld für kostenintensive Recherchen in der Kasse befindet.
- Herrn Thoma vom Cornelsen-Verlag.
- allen Mitarbeitern der »Göttinger Miszellen«. Der Begriff »schnelle und unbürokratische Hilfe« könnte für ihr wertvolles Engagement erfunden worden sein.
- meinen Schwiegereltern, die mir verziehen haben, daß mich an jenem eiskalten Regen-Nebel-Tag vor nunmehr 28 Jahren »Der goldene Pharao« gerufen hat.

Der letzte und (ge)wichtigste Dank gilt wiederum Kater Niwi, hat er es doch diesmal unterlassen, während der Manuskript-Abfassung auf der Computertastatur »Klavier« zu spielen.

Gewidmet aber ist dieses Buch meiner Frau Gisela. Sie war der Motor der Manuskripterstellung – und ist das Wunder meiner Seligkeit.

G. F. L. Stanglmeier

Register